부흥으로 역전하라

부흥으로 역전하라

지은이 김홍양
펴낸이 김명식
펴낸곳 (주)넥서스

초판 1쇄 발행 2014년 8월 30일
초판 2쇄 발행 2014년 9월 5일

출판신고 1992년 4월 3일 제311-2002-2호
121-893 서울시 마포구 양화로 8길 24
Tel (02)330-5500 Fax (02)330-5555
ISBN 978-89-6790-915-4 03230

www.nexusbook.com
넥서스CROSS는 (주)넥서스의 기독 브랜드입니다.

부흥으로 역전하라

김홍양 지음

넥서스CROSS

"마라나타 도미네"

1979년의 여름은 무척 더웠지만, 경제는 무척 추웠다. 그때 나는 높은 경쟁률을 뚫고 상업은행에 취직해 노모를 모시고 편안히 생활을 영위할 수 있어서 매우 기뻤다. 그렇게 날마다 하나님에게 감사하며 교회생활에 충실하는 것이 하나님에게 영광을 돌리는 길이라고 생각하여 헌신했다. 그러던 중 주님의 음성을 듣고 신학대학교를 졸업하고 만 서른한 살이되던 해에 교회를 시작하여 담임목사의 길을 가게 되었다. 개척교회를 시작하면서 한 영혼이 이렇게도 소중한 줄 깨닫게 되었다. 매일 한 영혼을 얻기 위해 기도하고 거리를 돌아다녔으며, 300~600 가구의 집마다 초인종을 눌렀다.

벌써 23년이 흘렀다. 교회가 부흥하여 성전을 건축하고, 지교회를 여럿 개척하다 보니 조금씩 목회의 본질과 비본질의 원리들을 함께 나누고 싶은 좋은 마음과 주변으로부터 나누어야 할 상황이 찾아왔다. 목회자들에게는 세미나를 개최해 주고, 각 교회에는 부흥회를 열어 눈물과 땀으로 나날을 보냈다. 이미 사역한 교회가 800개를 훌쩍 넘었다. 감사한 것은, 집회에 참여한 교회의 사랑하는 성도들이 많은 은혜를 경험하고 다시 영적 충전을 받은 후 교회 부흥의 새로운 헌신자들이 된다는 사실이었다.

어느 날, 한 목사님이 교회로 찾아오셨다. "목사님, 매주 전하는 부흥회 말씀을 책으로 출간하여 더 많은 한국 교회 성도에게 부흥을 경험하게 합시다." 이 권면은 나에게 큰 충격으로 다가왔다. 정말 가능한 일일까? 계속되는 넥서스CROSS의 사랑과 격려는 나에게 새로운 모험과 도전으로 바뀌었고, 이제는 큰 소망이 되었다. 이제 나에게는 한 가지 소망이 분명해졌다. 부흥회에서 역사하셨던 성령님은 책을 통해서도 역사하실 것이라는 점이다. 사람이 사람을 살릴 수 있다면, 목사가 성도를 다시 더 강하게 세울 수 있다면 그것보다 더 아름답고 찬란한 소망이 있을까?

문득 서재를 둘러보았다. 한 권 한 권 읽고 모은 책이 약 7,000권이 되었다. 정말 오래된 책도 있었다. 이 많은 책이 나의 옆에서 오늘의 나를 만들었다는 생각을 하니 갑자기 눈시울이 적셔졌다. 단어 하나가, 책 한 권이 인생을 바꿀 수 있다면, 어떤 말을 하며 어떤 책을 읽어야 할까? 또 어떤 책을 써야 할까? 쉬우면서도 성경에 충실하고, 은혜로우면서도 삶에 적용이 가능하며 독자에게 그간의 은총을 감사하고 새로운 은총을 기대하도록 영적 삶에 도전을 주는 그런 책을 쓰고 싶었다. 너무도 부족함을 느꼈다. 하나를 쓰면 다른 하나가 걸리고, 논리를 펴면 다른 것과 충돌을 일으킨다. 한 장을 정리하는데 왜 이렇게 어렵고 힘들까? 내 서재의 책 저자들은 다시 생각해봐도 정말 위대한 은사를 가진 사람들임을 고백하게 된다. 다른 바람은 없다. 이 책을 읽는 독자들이 다시 자신을 사랑하고 깊은 신앙에 빠지길 바라며, 자신이 다니며 섬기는 교회와 만나는 모든 사람에게 다시 회복과 충전의 모습으로 돌아가 주고, 현재 자신에게 맡겨 주신 하나님의 나라인 교회를 부흥하게 하는데 진정한 도구가 되어 주길 바라는 것뿐이다.

이 책을 읽으며 워크숍을 할 때, 몇 가지 원칙을 나누고 싶다.
첫째, 한 과 한 과를 차분하게 읽고 답을 적어본다.
둘째, 가능하다면 소그룹에서 충분히 대화를 나누며 교제한다.
셋째, 한 과가 끝날 때마다 반드시 실천할 사항을 결단한다.
넷째, 말씀 시간이 끝나면 간절한 기도의 시간, 골방의 시간을 갖는다.
다섯째, 목회자가 먼저 평신도 지도자에게 그리고 평신도 지도자가 소그룹 멤버인 성도에게 받은 은혜를 나누어 준다.

내가 문서 사역을 할 수 있는 것은 누군가의 배려와 희생이 있었기 때문이다. 대부분의 시간을 외지에서 말씀을 전하며 보내고, 목회 현장으로 돌아오면 서재에서 늦은 밤까지 다음 말씀을 준비할 때, 주변의 많은 사람은 나를 위해 헌신했다. 나는 나 자신과의 싸움이었지만 주변 사람들은 불러도 반응이 없는 외로움과의 싸움이었다. 23년간 묵묵히 순종하며 신앙과 의리를 지켜 주고 물심양면으로 충성했던 많은 교우, 열악한 환경 가운데서도 비전 하나를 붙잡고 나를 믿으며 희생했던 교역자들, 아버지이기 이전에 남편이기 이전에 가족이기 이전에 주님의 종이라는 정체성을 인정하고 묵묵히 중보해 준 가족, 특히 초고에 힘써 준 박진규 목사와 김수현 전도사, 김준범 전도사에게 고마움을 전하고 싶다. 또한 매일 메일과 문자로 탈고를 위해 겸손히 섬겨 주었던 넥서스CROSS 편집부에 감사한다.

우리의 삶은 언제나 양면성을 갖는다. 받는가 하면 주고, 꾸는가 하면 꾸어 준다. 섬김을 받는가 하면 섬기고, 용서를 받는가 하면 관용을 베푼다. 많은 정보를 얻는가 하면 흘려보내고 배우는가 하면 가르친다. 자신의 양면적인 현재적 정체성을 잃어버릴 때 사람은 이기적으로 바뀌며 교만해진다. 나는 이런 삶을 살고 싶지 않다. 그래서 오늘도 기도한다.

"주여! 늘 위를 보게 하소서. 그리고 늘 아래를 보게 하소서."
"주여! 내 인생이 길면 오래 충성할 수 있어 기뻐하고, 내 인생이 짧더라도 주님을 일찍 만날 수 있어 감사하게 하소서."
"마라나타 도미네"

잠실 서재에서 한강을 바라보며
김홍양 목사

STEP **1**

부흥의 본질을 파악하라

부흥으로
역전하라

부흥의 본질을
파악하라

Prayer

성결한 사람이 되지 않으면 기도는 응답의 역사가 덜 할 것이다.
하나님과 벗이라 칭할 만큼의 관계가 된다면,
기도라는 대화가 얼마나 기쁘고 즐겁겠는가?
신앙의 권태기가 찾아오지 않을 만큼
하나님과 날마다 사랑에 빠지는 우리가 되자.

1

기도,
이렇게 하십시오!

〈마태복음〉7장 7~11절 / 〈누가복음〉11장 5~8절

사람이 가장 싫어하는 것이 무엇인지 압니까? 첫째는 지는 것, 둘째는 아픈 것, 셋째는 죽는 것입니다. 솔직히 오늘날 하루하루 살아가는 사람들의 모습을 보면, 매우 전투적입니다. 삶 자체가 다 싸움이고 경쟁입니다. 그런데 싸움(경쟁)에서 지면 어떻게 됩니까? 어떤 경우라도 금전적이든, 감정적이든 손해가 발생합니다. 때문에 지지 않으려고 힘을 기르고 몸부림치는 것입니다.

🌱 당신이 가장 싫어하는 것은 무엇입니까? 그 이유는 무엇입니까?

_____

_____

봄이나 가을이면, 학교나 교회에서 운동회를 합니다. 그 운동회 중 제일 재미있는 종목이 달리기라고 할 수 있습니다. 그런데 자녀가 달리기를 잘 하다가 그만 결승선 앞에서 넘어졌습니다. 이때 어머니들은 솔직히 어떻게 합니까? "아이쿠, 많이 아프지? 참 잘했어."라고 말하면 좋으련만, "넌 누굴 닮아서 이거 하나도 잘 못해?"라고 하는 게 일반적입니다. 지는 게 싫은 겁니다. 자녀가 지면 부모도 동일하게 안타까움을 느끼는 겁니다.

"영접하는 자 곧 그 이름을 믿는 자들에게는 하나님의 자녀가 되는 권세를 주셨으니" 〈요한복음〉 1장 12절

하나님은 우리에게 자녀가 되는 권세를 주셨습니다. 우린 하나님의 자녀입니다. 그런데 아버지 되신 하나님이 우리에게 가장 좋은 것으로 주지 않을 이유가 무엇이겠습니까?

"너희 중에 누가 아들이 떡을 달라 하는데 돌을 주며 생선을 달라 하는데 뱀을 줄 사람이 있겠느냐 너희가 악한 자라도 좋은 것으로 자식에게 줄 줄 알거든 하물며 하늘에 계신 너희 아버지께서 구하는 자에게 좋은 것으로 주시지 않겠

느냐" <마태복음> 7장 9~11절

생각해 보면 하나님은 우리에게 이미 최고의 선물을 주셨습니다. 바로 영원한 생명입니다. 사람들이 싫어하는 것 중 가장 불가능해 보이는 것을 가능하게 하셨습니다. 그것도 하나님 아버지를 믿기만 하면 말입니다.

질문을 하나 더 하겠습니다. 성도인 우리에게 가장 어려운 일은 무엇입니까? 첫째는 회개, 둘째는 사랑, 셋째는 전도, 넷째는 기도라고 합니다.

🌱 성도인 당신에게 회개, 사랑, 전도, 기도 중 가장 어려운 것은 무엇입니까?

_____

_____

_____

"회개하라 천국이 가까이 왔느니라 하였으니" <마태복음> 3장 2절

회개는 '메타노이아(Metanoia)'라고 하는데, 이 단어는 세 가지의 태도를 보여 줘야만 진정한 회개가 된다고 합니다. 첫째, 내가 잘못한 것을 하나님 앞에 인정하고 고백해야 합니다. 둘째, 원상태로 돌려놓아야 합니다. 셋째, 그 일을 다시는 하지 않아야 합니다.
만약 물건을 하나 훔쳤다고 가정해 봅시다. 그럼 진정한 회개란, 먼저

'하나님! 제가 이 물건을 훔쳤습니다. 용서해 주세요.'라고 고백하고 물건을 제자리에 가져다 놓아야 합니다. 그리고 다시는 훔치지 않아야 회개가 됩니다. 결국 회개를 다른 말로 바꾸면 '변화'라고 할 수 있습니다. 한번 잘못한 일에 대해서는 다시 하지 않는 변화가 필요합니다.

🌱 눈물, 콧물을 모두 쏟으며 마음이 저리도록 회개한 경험이 있습니까?

_____

_____

_____

회개도, 사랑도, 전도도 모두 이해되지만, 그래도 가장 어려운 것은 마지막 '기도'입니다. 기도가 제일 어렵다는 말에 공감합니까? 당연한 것이지만, 그래도 여전히 우리에게 부담스러운 것은 기도입니다. 왜냐하면 기도는 안 할 수 없고, 막상 하자니 무엇을 어떻게 해야 할지 모르기 때문입니다. 본문 두 편을 통해 무엇을 어떻게 기도해야 할지를 상세히 살펴봅시다.

구하라, 찾으라, 두드리라
〈마태복음〉 7장 7~11절

〈마태복음〉에서 주님은 우리에게 다음과 같이 기도하라고 말씀합니다.

"구하라 그리하면 너희에게 주실 것이요 찾으라 그리하면 찾아낼 것이요 문을 두드리라 그리하면 너희에게 열릴 것이니 구하는 이마다 받을 것이요 찾는 이는 찾아낼 것이요 두드리는 이에게는 열릴 것이니라" 〈마태복음〉 7장 7~8절

구하라, 찾으라, 두드리라는 결국 무엇을 의미합니까? 바로 '기도하라'는 말씀입니다. 그런데 왜 같은 말을 다른 말로 바꿔서 세 번이나 반복했을까요? 한 권의 책에서 다음과 같은 글귀를 읽었습니다.

"지금으로부터 2천 년 전에는 어떤 것을 강조하고 싶을 때 두 번 이상 반복하였다."

이는 무엇을 의미합니까? 세 번이나 반복한 것은 결국 '기도해라. 그러면 꼭! 주겠다.'는 말씀과 일맥상통(一脈相通)합니다. 그러니 우리는 어떻게 해야 합니까? 구하고, 구하며, 또 구해야 합니다.

🌱 당신은 어떻게 기도합니까? 당신의 기도 습관을 솔직하게 적어 보십시오

_____

_____

_____

_____

_____

구하라 – 입

우리가 기도할 때, 가장 기본이 되는 것은 구하는 것입니다. 우리의 입을 열어 하나님에게 간절히 기도할 때, 그분은 우리의 구하는 바를 주실 것입니다. 그런데 이때 단 한 번만 구하고 끝나면 안 됩니다. 어떻게 해야 합니까?

"쉬지 말고 기도하라" 〈데살로니가전서〉 5장 17절

성경은 우리에게 쉬지 말고 기도하라고 말씀합니다. 즉 구할 때 쉬지 말고 구해야 합니다. 그런데 사실 이런 경우도 있습니다. 밤낮 구분없이 입으로만 기도하는 성도들 말입니다. 정말 열심히 기도하는데, 정작 구하는 것에 대한 하나님의 반응은 더디기만 합니다. 쉬지 말고 구했나요? 그럼, 이제는 찾아야 합니다.

🌱 당신이 요즘 구하고 있는 기도 제목은 무엇입니까?

_____

_____

_____

_____

_____

찾으라 – 눈

입으로 구했으면, 이제는 눈으로 찾아야 합니다. 전도하길 원하면, 기도하고 밖으로 나가서 전도 대상자를 찾아야 합니다. 배우자를 원하면, 기도하고 열심히 주변 사람들로부터 배우자를 찾아야 합니다.

1991년 9월 29일, 저는 잠실에서 18평짜리 지하상가를 얻어 교회를 시작했습니다. 요즘 사람들이 지하 18평의 작은 교회에 몰려올까요? 한 번 왔다가도 예배 시간에 습기와 벌레와 사투를 벌이는 모습을 보면, 두 번은 방문하지 않습니다. 결국 저는 구했고, 응답을 주셨습니다. "예수님을 흉내 내보렴." 저는 공생애 시작 전 40일 금식기도를 하신 예수님이 떠올랐습니다. 그래서 저는 일정 기간을 정하고 금식을 했습니다. 그럼에도 교회는 여전했습니다. 다시 구했습니다. 하나님은 저에게 입으로만 기도하지 말라고 하시는 게 아닙니까? 사실 저는 매우 내성적인 사람입니다. 그럼에도 기도하고 용기를 얻어서 찾기 시작했습니다. 하루에 300~600 가구씩 매일 초인종을 누르기 시작했습니다. 그리고 당시 저희 교회 집사님이셨던 4명을 어떻게든 하루에 1명씩 나오게 해서 함께 전도를 했습니다. 어떻게 됐을까요? 6개월이 지나자 40명이 모였습니다. 1년이 지나자 78명이 모였고, 2년이 지나자 126명이 왔습니다. 정말 하나님에게 구하고 찾으니 영혼들을 보내 주시더라고요.

입으로만 하던 기도가 끝나면, 무조건 문을 열고 밖으로 나가 눈으로 찾아야 합니다.

_____

_____

_____

_____

_____

_____

몸으로 부딪치라 – 두드리라

마지막으로 우리가 취해야 할 자세는 두드리는 것입니다. 노동하고 수고하며 애쓸 때, 그건 바로 육체적 기도가 됩니다. 삶이 기도, 그 자체가 되는 겁니다.

오늘 문제가 있습니까? 어려움이 있습니까? 하나님 전에서 열심히 기도하고 담대히 세상 가운데 나가서 찾으십시오. 하나님은 반드시 어느 곳에선가 우리를 향해 다가오고 계십니다. 그리고 우리의 삶 가운데 신속하게 응답해 주실 줄 믿습니다.

🌱 지금까지 살면서 기도에 응답 받은 경험이 있습니까?

_____

_____

_____

_____

_____

벗, 밤중, 세 덩이, 꾸어 달라
〈누가복음〉 11장 5~8절

"예수께서 한 곳에서 기도하시고 마치시매 제자 중 하나가 여짜오되 주여 요
한이 자기 제자들에게 기도를 가르친 것과 같이 우리에게도 가르쳐 주옵소서"
〈누가복음〉 11장 1절

한 제자가 예수님에게 "요한이 제자들에게 기도를 가르쳐 준 것처럼 우
리에게도 기도를 가르쳐 달라."고 요청합니다. 기도는 배우는 것입니다.
그러나 예수님 이전에는 기도를 안 했습니까? 아닙니다. 이스라엘 백성은
이미 수천 년 전부터 기도하는 백성이었습니다. 그럼에도 한 제자가 예수
님에게 대뜸 "기도를 가르쳐 주십시오!"라고 한 것입니다. 구하고, 찾으며,
두드리라는 기도 방법에 이어 계속해서 기도에 대해 배워 보겠습니다.

'벗'처럼 기도하라

본문을 보면, 밤중에 벗이 찾아와 떡을 달라고 합니다. 어떤 벗에게 찾아가 떡을 달라고 하겠습니까? 아마도 대부분의 사람은 가장 가까운 벗에게 찾아갈 것입니다.

기도도 마찬가지입니다. 하나님과 가깝지도 않은데 기도하는 것, 이것처럼 어색한 것은 없을 것입니다. '기도가 왜 안 될까? 기도가 왜 어려운 걸까?' 엄밀히 말하면, 기도가 안 되고 어려운 것이 아니라 하나님과의 관계가 멀다는 것입니다.

> "여호와의 손이 짧아 구원하지 못하심도 아니요 귀가 둔하여 듣지 못하심도 아니라 오직 너희 죄악이 너희와 너희 하나님 사이를 갈라 놓았고 너희 죄가 그의 얼굴을 가리어서 너희에게서 듣지 않으시게 함이니라" 〈이사야서〉 59장 1~2절

성경은 하나님과 나 사이의 관계를 멀게 하는 것이 바로 '죄'임을 분명

하게 말씀합니다. 그렇기 때문에 언제나 모든 기도에는 '회개'가 선행되어야 합니다. 성결한 사람이 되지 않으면 기도는 응답의 역사가 덜할 것입니다.

하나님과 가까워 벗이라 칭할 만큼의 관계가 된다면, 기도라는 대화가 얼마나 기쁘고 즐겁겠습니까? 신앙의 권태기가 찾아오지 않을 만큼 하나님과 날마다 사랑에 빠지는 우리가 되길 소망합니다.

🌱 당신은 하나님과 벗하여 지내고 있습니까, 아니면 여전히 낯설게만 느껴집니까?

_____

_____

'밤중'처럼 기도하라

본문을 보면, 벗이 '밤중'에 찾아옵니다. 여기서 '밤중'이라는 것은, 남이 하지 않는 방법대로 기도하라는 것을 의미합니다. 때로는 특별한 방법으로 하나님에게 매달리라는 것입니다.

〈창세기〉 32장을 보면, 지팡이 하나를 가지고 갔다가 두 떼를 일구며 부자가 되어 돌아오는 야곱에 대한 이야기가 나옵니다. 야곱은 자신이 가지고 있는 재산을 여러 번 앞으로 보내고 사환들에게 말합니다. "형을 만나거든 모두 다 형의 것이라고 동생이 말했다고 해라." 그러고는 가족도 보내고 얍복 강에 혼자 남아서 경야(竟夜)를 합니다. 밤을 지새우던 야곱은 천사와 씨름하여 드디어 하나님에게 응답을 받습니다.

우리가 살다보면, 뭔가 잘 안 될 때가 있습니다. 그래서 우리가 밤을 새워 철야기도를 해야 할 때도 작정 기도를 해야 할 때도 있습니다. 100일이고 40일이고 매달려서 금식하며 기도를 해야 할 때가 있습니다. 지금 우리 앞에 당면한 문제가 무엇입니까? 사업의 문제, 직장의 문제, 취직의 문제, 진로의 문제, 결혼의 문제 등 그 어떤 것이든 지금은 특별히 매달려야 할 때라고 생각하면 이것이 바로 믿음이요, 복음입니다.

🌱 부흥회나 철야, 새벽예배나 금식 기도할 때 응답을 받은 경험이 있습니까?

_____

_____

'세 덩이'처럼 기도하라

예수님은 보리떡 다섯 개로 5천 명을 먹였습니다. 그리고 보리떡 일곱 개로 4천 명을 먹였습니다. 여기서 보리떡 다섯 개는 누구의 것이었습니까? 어린아이의 것이었습니다. 그럼, 보리떡 일곱 개는 누구의 것이었습니까?

성경에는 나오지 않지만, 특별한 수식어나 표현이 없기에 아마도 성인 어른의 것이었을 겁니다. 즉 성인 어른에게는 최소한 보리떡 일곱 개는 있어야 하지만, 본문에는 세 덩이만 달라고 나옵니다. 기도는 이렇게 하는 겁니다.

본문의 사람은 벗에게 갈 때, 이 집에 최소한 떡 세 덩이는 있을 거란 확신을 가지고 갔습니다. 다시 말해, 세 덩이의 떡이 있을 거란 믿음이 있었던 겁니다. 이와 같이 우리가 하나님 앞에 나아갈 때에도 믿음으로 나아가야 합니다. '하나님은 이것을 꼭 주실 거야!'라는 믿음으로 기도해야 하는 것입니다.

또한 본문의 사람은 벗에게 '세 덩이'라고 정확한 개수를 말합니다. 기도도 이처럼 구체적으로 해야 합니다. 아주 분명하고 철저하게 해야 응답이 빠릅니다. '하나님, 다 허락해 주옵소서!'라고 하면 어떻게 해 달라는 겁니까? 물론 포괄적 기도도 필요하지만, 미시적 기도도 아주 중요합니다.

때로는 아무리 기도하고 매달리며 구체적으로 해도 응답이 되지 않을 때가 있습니다. 왜냐하면 왕창 주었을 때, 그 사람은 예수님을 쉽게 떠날 가능성이 있기 때문입니다.

"너희가 얻지 못함은 구하지 아니하기 때문이요 구하여도 받지 못함은 정욕으로 쓰려고 잘못 구하기 때문이라" 〈야고보서〉 4장 2~3절

🌱 지금 당신의 기도 제목을 최대한 구체적으로 적어 보십시오

_____

_____

'꾸어 달라'처럼 기도하라

우리는 기도를 꾸는 심정으로 해야 합니다. 즉 돌려 갚겠다는 의식을 가지고 기도하라는 말입니다. '하나님, 건강을 주세요!'라고 기도하면, 그 건강을 가지고 하나님 앞에 충성 봉사하겠다는 마음을 가지고 구해야 한다는 것입니다. '하나님, 물질을 주세요!'라고 기도하면, 그 물질을 가지고 하나님 앞에 돌려 드리겠다는 마음을 가지고 구해야 한다는 것입니다.

갚을 것을 생각하고 이자를 생각해서 필요한 만큼만 꾸는 것이 우리의 지혜이거늘, 우리가 하나님 앞에서는 당연히 달라는 식으로 기도하고 있지는 않은지 돌아보길 바랍니다. 그리고 응답을 받으면 응당 하나님 앞에 다시 나아가는 최소한의 양심이 우리 가운데 있어야 할 것입니다.

"내가 너희에게 말하노니 비록 벗 됨으로 인하여서는 일어나서 주지 아니할지라도 그 간청함을 인하여 일어나 그 요구대로 주리라" 〈누가복음〉 11장 8절

"그러므로 너희는 이렇게 기도하라 하늘에 계신 우리 아버지여 이름이 거룩히 여김을 받으시오며 나라가 임하시오며 뜻이 하늘에서 이루어진 것 같이 땅에서도 이루어지이다 오늘 우리에게 일용할 양식을 주시옵고 우리가 우리에게 죄 지은 자를 사하여 준 것 같이 우리 죄를 사하여 주시옵고 우리를 시험에 들게 하지 마시옵고 다만 악에서 구하시옵소서 나라와 권세와 영광이 아버지께 영원히 있사옵나이다 아멘" 〈마태복음〉 6장 9~13절

✢✢✢

우리는 본문을 통해 어떻게 기도해야 하는지를 자세히 살펴보았습니다. 먼저, 기도는 입으로 구해야 합니다. 그것도 아주 자세하게 말입니다. 그러고는 눈으로 찾아야 합니다. 가정에서, 교회에서 밤새 기도만 한다고 끝이 아닙니다. 배우자를 원하면 열심히 사람을 만나야 하고, 영혼 구원을 원한다면 열심히 전도해야 합니다. 마지막으로 몸으로 부딪치며 두드려야 합니다. 또 기도는 어떻게 하라고 했습니까?

벗처럼 기도해야 합니다. 한밤중에 벗에게 가서 먹을 것을 달라고 할 만큼 가까운 벗처럼 기도해야 합니다. 하나님과 우리가 벗처럼 가까워지는 길은 성결해지는 것밖에 없습니다. 부디, 회개함으로 성결한 모습으로 하나님에게 나아가길 바랍니다. 또 밤새도록, 구체적으로 기도하길 소망합니다.

간절히 바라기는, 우리가 함께한 이 방법들이 듣고 읽으며 익히는 내용이 아니길 바랍니다. 매일매일 묵상하고 실천하여 삶이 예배가 되고 기도가 되는 우리 모두가 되길 소망합니다.

🌱 앞으로 당신의 기도 계획을 세워 보십시오. 언제, 어디서, 어떻게 기도할지 말입니다.

_____

_____

Revival and Revival

오늘 말씀을 통해 은혜 받은 것들을 정리해 보십시오. 만약 부흥회에 참석했다면, 설교 노트로 활용해 보십시오.

_____

_____

_____

_____

_____

_____

_____

_____

_____

_____

_____

_____

_____

_____

_____

_____

_____

Holy Spirit

기도하라!
돈을 저축하면 이 땅에서의 삶은 풍요로울 수 있으나,
기도를 저축하면 이 땅에서만이 아닌
하나님 나라의 우편에 앉는 특혜까지 받을 수 있다.

Revival and Revival 2

성령으로
충만함을 받으라

〈에베소서〉 5장 15~18절

그릇의 목적이 뭐라고 생각합니까? 그릇은 장식이나 실내 디자인을 위한 도자기가 아닙니다. 그릇은 무언가를 담고 보관하기 위해 있는 것입니다. 성경을 보면, 사람을 그릇에 비유합니다.

"토기장이가 진흙 한 덩이로 하나는 귀히 쓸 그릇을, 하나는 천히 쓸 그릇을 만들 권한이 없느냐" 〈로마서〉 9장 21절

"큰 집에는 금 그릇과 은 그릇뿐 아니라 나무 그릇과 질그릇도 있어 귀하게 쓰

는 것도 있고 천하게 쓰는 것도 있나니 그러므로 누구든지 이런 것에서 자기를 깨끗하게 하면 귀히 쓰는 그릇이 되어 거룩하고 주인의 쓰심에 합당하며 모든 선한 일에 준비함이 되리라" 〈디모데후서〉 2장 20~21절

"주께서 이르시되 가라 이 사람은 내 이름을 이방인과 임금들과 이스라엘 자손들에게 전하기 위하여 택한 나의 그릇이라" 〈사도행전〉 9장 15절

성경이 사람을 그릇에 비유했다는 것은 무엇을 의미합니까? 사람이 태어나서 죽을 때까지 한평생 무언가를 끊임없이 담아야 한다는 것을 말합니다. 예수님을 믿든지 안 믿든지, 사람이라면 머리에 무언가를 열심히 담으며 살아야 합니다.

🌱 당신은 무엇을 담으며 살아가고 있습니까?

_____

_____

뿐만 아니라 가난한 사람, 병든 사람, 연약한 사람을 보면 당연히 불쌍하게 여기고 함께 눈물도 흘리며 도울 수 있어야 사람다운 사람인 것입니다. 자녀가 밖에 나가서 맞고 왔는데, 가만히 있겠습니까? 남이 보기에 나약하고 조금 모자라 보여도 내 자녀라면 그냥 지나칠 수 없는 것입니다. 최소한의 공의(公義)와 정의(正義), 의분(義憤) 없이 어떻게 세상에서 승

리할 수 있겠습니까? 믿음의 유무(有無)를 따지기 전에 중요한 것은 지금까지 살아오면서 내 안에 무엇을 담았냐는 겁니다. 그리고 담은 것은 반드시 밖으로 나오게 되어 있습니다.

거친 말을 입에 담은 사람은 욕밖에 나오는 게 없습니다. 요즘 아이들의 대화를 들어보면, 대화의 70%가 욕입니다. 욕뿐인 대화에도 서로 소통이 되는 것은 참으로 신기한 일입니다. 여하튼 우리가 인생을 살아가면서 담은 것의 종류에 따라 두 가지 인생이 나옵니다. 하나는 '일반 인생', 또 하나는 '신앙 인생'입니다. 예수님을 믿지 않는 사람은 일반 인생만 살아가겠지만, 성공을 위해 머리와 가슴에 담으며, 몸에 습관을 담아 살아가는 인생은 이 땅에서 오직 부귀(富貴)와 영화(榮華), 명예(名譽)와 권세(權勢)만을 얻기 위해 그렇게도 부단히 노력을 합니다.

🌱 일반 인생과 신앙 인생은 각각 무엇인지 정리해 보십시오

_____

_____

하지만 예수님을 믿는 우리는 일반 인생도 살지만, 또 하나의 신앙 인생도 살아야 합니다. 세상에 살면서 성공도 해야 하지만, 영원한 하나님의 나라를 얻기 위해서도 살아야 합니다. 우리의 인생 가운데 주어진 시간은 믿는 사람이든 믿지 않는 사람이든 동일하게 24시간씩 주어지는데 말입니다. 극단적인 예를 하나 들어보겠습니다.

한번은 제가 부흥회 하는 교회 근처에 집사님이 한 분 살고 계셨습니다. 그래서 잠시 심방을 하려고 전화를 했습니다. 그랬더니 전화를 받고 반가워하던 집사님이 질색을 하는 겁니다. 그럼에도 전 굳이 심방을 갔습니다. 그랬더니 온 집안에 난리가 난 겁니다. 사실 이 집사님은 교회 생활에 매우 적극적이고, 헌신하는 분입니다. 즉 신앙 인생은 매우 성공적인 분인데, 일반 인생은 그다지 성공적이지 못한 겁니다.

일반 인생도 성공해야겠지만, 신앙 인생에 저촉이 된다면 일반 인생을 과감히 포기하는 믿음의 선진을 많이 봤을 것입니다. 주일날 가게 문을 열면 많은 이익을 얻을 수 있지만, 신앙의 절개를 지키기 위해 문을 닫는다면 당연히 경제적인 어려움은 감수해야 합니다. 그럼에도 그 신앙을 굳게 지켰을 때, 하나님은 다른 방법으로 그 영혼에게 기적의 법칙을 사용하여 일으켜 주실 것입니다.

> 🐝 신앙 인생을 살면서 하나님이 기적의 법칙을 사용하셨던 때, 또는 그런 경우를 본 적이 있습니까? 어떤 일이었는지 간단히 적어 보십시오
>
> _____
>
> _____
>
> _____

일반 인생의 성공은 각자가 알아서 그릇의 크기대로 세상에서 배우고,

우리는 말씀을 통해 신앙 인생을 잘 살기 위해 우리의 그릇에 무엇을 담아야 하는지를 함께 살피고자 합니다.

기도를 저축하라

성경에는 '기도하라'는 말씀이 무려 2천3백 번이나 등장합니다. 2천3백 번이나 등장하는 것은 무엇을 의미합니까? 우리의 신앙 인생에 기도를 담으라는 강조의 말씀인 것입니다.

저의 어머니가 87세 되셨을 땐, 이미 앞을 잘 보지 못하셨습니다. 오랜 당뇨병의 결과로 거의 실명에 이르셨기 때문입니다. 그래서 어머니는 자연스럽게 늘 방 안에만 계시게 되었습니다. 그런데 어느 날, 제가 출근할 때였습니다. "홍양아, 엄마가 오늘 하루 종일 기도하니까 넌 아무 염려하지 말고 나가서 일 잘하고 승리해서 돌아와라." 그때 저에게 의문이 들었습니다. '어떻게 하루 종일 기도할 수 있을까?' 저녁에 어머니께 여쭤 보았더니, 다음과 같이 말씀하셨습니다. "성도 한 사람을 위해 1분을 기도하면, 총 5백 분이다. 그리고 나라의 위정자들을 위해 1분씩만 기도해 봐. 그럼 얼마나 되겠니?" 생각해 보니 정말 10시간은 금방 지나가겠더라고요.

"모든 기도와 간구를 하되 항상 성령 안에서 기도하고 이를 위하여 깨어 구하기를 항상 힘쓰며 여러 성도를 위하여 구하라" 〈에베소서〉 6장 18절

우리는 기도하되, 성령 안에서 간구해야 합니다. 성령 안에서 기도하기 위하여 늘 깨어 구하기를 항상 힘쓰며, 더 나아가 여러 성도를 위하여 기도해야 합니다. 성경은 또한 다음과 같이 말씀합니다.

> "항상 기뻐하라 쉬지 말고 기도하라 범사에 감사하라 이것이 그리스도 예수 안에서 너희를 향하신 하나님의 뜻이니라" 〈데살로니가전서〉 5장 16~18절

얼마나 기도합니까? 설마 주일예배 때만 살짝 기도하고, 식사 때 5초 기도하는 사람은 없으리라 생각합니다. 기도하십시오. 쉬지 말고 기도하는 것이 우리를 향하신 하나님의 뜻입니다. 그런데 무엇을 기도해야 할까요? 성경은 친절하게도 우리에게 무엇을 기도해야 할지, 또 어떻게 기도해야 할지를 상세히 알려 줍니다.

> "하나님 앞에서 네 마음이 바르지 못하니 이 도에는 네가 관계도 없고 분깃 될 것도 없느니라 그러므로 너의 이 악함을 회개하고 주께 기도하라 혹 마음에 품은 것을 사하여 주시리라" 〈사도행전〉 8장 21~22절

"너는 기도할 때에 네 골방에 들어가 문을 닫고 은밀한 중에 계신 네 아버지께 기도하라 은밀한 중에 보시는 네 아버지께서 갚으시리라" 〈마태복음〉 6장 6절

🌱 당신은 언제, 어디서, 무엇을 기도합니까?

_____

_____

제 어머니의 이야기를 조금 더 하겠습니다.

"홍양아, 엄마가 이제 얼마 있다가 세상을 떠난다. 그때 너는 나에 대
한 정이 너무 커서 아마도 많이 힘들 거야. 하지만 난 죽는 것이 아니
란다. 하나님 나라의 우편에 가서도 널 위해 24시간 기도할게. 그리
고 머지않아서 우린 다시 만나게 될 거야. 매일 시간의 십일조로 기도
를 저축하렴. 너의 미래를 열 수 있단다."

이후 어머니는 정말 돌아가셨습니다. 기도를 저축하면 자신의 미래를
알 수 있습니다. 극단적이긴 하나, 제 어머니의 이야기이기에 사실입니
다. 생전에 계시면서 조금씩 말씀하셨던 것들이 모두 맞는 것을 전 경험
했답니다. 기도하십시오! 돈을 저축하면 이 땅에서의 삶은 풍요로울 수
있으나, 기도를 저축하면 이 땅에서만이 아닌 하나님 나라의 우편에 앉는
특혜까지 받을 수 있습니다.

체험을 저축하라

사실 신앙 인생 가운데 기도를 안 하는 사람은 아마도 없을 겁니다. 열심히 기도를 담아야 하지만, 또 담아야 할 것이 있습니다. 바로 체험입니다.

요즘은 향토박물관이나 민속촌에 가야 볼 수 있는 물레방아를 압니까? 물레방아는 고인 물, 이전 물로는 돌아가지 않습니다. 양이 적더라도 꾸준히 흐르는 물이 있어야만 돌아갑니다. 물의 양에 따라 속도의 차이는 있지만, 어쨌든 물레방아가 돌아가려면 반드시 흐르는 물이 필요합니다.

신앙 인생도 마찬가지입니다. 이전의 체험, 이전의 감동으로는 결코 유

지될 수 없습니다. 반드시 지금의 체험과 감동이 있어야 합니다. 다만, 오직 성령에 감동된 체험만을 담아야 합니다.

"이르시되 그러면 다윗이 성령에 감동되어 어찌 그리스도를 주라 칭하여 말하되" 〈마태복음〉 22장 43절

성령에 감동되면 그리스도를 주라 칭합니다. 즉 우리의 신앙 인생이 성령에 감화(感化) 감동(感動)되면 예수 그리스도를 주님이라 고백합니다. 누가 시켜서도 아니고, 내가 오래된 신앙인이라서도 아닙니다. 성령이 우리를 고백하게 하는 감동을 주시고, 그 속에 체험이 있는 것입니다. 성령의 감동이 있어야 진짜 체험을 하게 됩니다. 진짜 체험이 있어야 신앙 인생이 날마다 기쁘고 즐거울 수 있습니다. 만약 요즘 교회 오는 것이 부담스럽고 많은 사람과 대화하는 것이 불편하다면, 그 사람은 체험이 없는 고갈된 권태기의 신앙 인생을 살고 있는 것입니다.

🌱 성령 체험을 통해 다윗과 같이 기뻐 춤춰 본 경험이 있습니까?

_____

_____

_____

_____

_____

저는 매주 부흥회 일정이 있습니다. 하지만 목요일부터는 본교회 사역에 매진을 합니다. 때로는 심방을, 때로는 전도를 하면서 말입니다. 한번은 전도를 나갔는데, 주님에게 기도했습니다. "주님, 기적의 점심을 먹게 하소서." 약속한 시간이 되어 다들 각자의 전도를 마무리하고 집합 장소로 돌아왔습니다. 그런데 우리 옆을 지나던 차 한 대가 서지 않겠습니까? "목사님, 길에서 뭐하세요? 점심 드셨어요? 안 드셨으면 타세요." "제가 일행이 있는데요." "아, 집사님들과 함께 나오셨군요. 모두 타세요." 그날 저의 전도대는 공짜, 기적의 점심을 먹었답니다.

일상에서 이런 기쁨을 누려보셨습니까? 우리 인생 가운데는 이런 소소한 체험이 참 많습니다. 기쁨과 감사함으로 못 느낄 뿐입니다. 이런 체험들을 우리는 저축해야 합니다. 그때 비로소 우리의 신앙 인생이 풍성해집니다. 그런데 이런 체험도 간절히 원하고 바라는 자에게 주십니다.

학생 때였습니다. 한번은 차비가 없었습니다. 그런데 밤마다 한 시간씩 교회에 나가서 기도하던 제가 체험을 하고 싶은 겁니다. 결국 전 하나님에게 기도했습니다. "하나님, 오늘 저에게 차비를 주세요. 만약 안 주시면 걸어가야 합니다." 그러고는 정중앙에 섰습니다. 믿음이 있으면 두려움도 없습니다. 막차가 도착했고, 안내원이 사람들을 마치 콩나물시루처럼 태우며 배로 밀어대는 거예요. 그러다가 주머니에서 차표 한 장이 바람에 날려 제 앞에 떨어지지 뭡니까? 할렐루야!

우리는 때때로 기독교인으로서 이 세상을 사는 것이 힘들다고 한탄합니다. 사람들에게 욕을 먹기도 합니다. 하지만 진짜 힘든 것은 욕을 먹어서가 아니라 그 가운데서 하나님이 함께하시는 체험이 없는 겁니다. 오랜 질병으로 고생합니까? 그래서 너무 힘듭니까? 천만의 말씀입니다. 사도 바울은 다음과 같이 말합니다.

"무익하나마 내가 부득불 자랑하노니 주의 환상과 계시를 말하리라 …… 나에게 이르시기를 내 은혜가 네게 족하도다 이는 내 능력이 약한 데서 온전하여짐이라 하신지라 그러므로 도리어 크게 기뻐함으로 나의 여러 약한 것들에 대하여 자랑하리니 이는 그리스도의 능력이 내게 머물게 하려 함이라 그러므로 내가 그리스도를 위하여 약한 것들과 능욕과 궁핍과 박해와 곤고를 기뻐하노니 이는 내가 약한 그 때에 강함이라 ……" 〈고린도후서〉 12장 1~20절

정말 아무것도 없이 너무 가난해도, 병중에서 살 희망이 안 보여도 하나님이 나와 함께하신다는 감동만 있다면 우리는 항상 기뻐하며 웃을 수 있습니다. 체험을 저축하십시오!

🌱 당신은 신앙 생활을 하면서 핍박을 당해 본 적이 있습니까? 그때 어떻게 극복하셨습니까?

_____

_____

_____

영혼을 저축하라

마지막 날, 이 세상에서 유일하게 가지고 갈 수 있는 것은 무엇입니까? 바로 영혼입니다. 돈도, 명예도 모두 가져갈 수 없습니다. 오직 영혼만 가져갈 수 있습니다. 우리 모두 영혼을 많이 저축하여 하늘에서 칭찬받기를 간절히 소망합니다. 그렇다면 영혼은 어떻게 저축할까요? 가라, 주라, 하라, 오라, 보라를 실천하기 바랍니다. 영혼 저축에는 이만한 비법이 없습니다.

첫째, 가라.

한 달에 한 영혼, 일주일에 한 영혼 전도를 원하시나요? 그렇다면 안 믿는 사람들에게 무조건 가기 바랍니다. 그냥 가는 것이 아니라 많이 자주 가기 바랍니다.

둘째, 주라.

안 믿는 사람들에게 갔으면, 뭐든 주어야 합니다. 웃음을 주던지, 칭찬을 주던지, 선물을 주던지 말입니다. 그래야 그들의 마음이 열리게 될 것입니다.

셋째, 하라.

그들에게 무엇을 해야 합니까? 예수님을 자랑해야 합니다. 교회를 자랑해야 합니다. 목사님을 자랑하고, 장로님과 권사님 그리고 집사님들을 자랑해야 합니다.

넷째, 오라.

가서 주고 자랑도 했는데, 그들을 끌고 와야 합니다. 교회에 오라고 문자도 보내고, 전화도 하며, 집 앞으로 데리러 가기도 해야 합니다.

다섯째, 보라.

보통 넷째까지는 잘합니다. 하지만 대부분 등록 후 관리가 전혀 안 됩니다. 그래서 새 가족은 매년 어마어마한 숫자가 등록하지만, 정작 정착하는 사람은 그리 많지 않습니다. 열심히 보아야 합니다. 잘 정착했는지 꼭 살펴야 합니다.

🌱 영혼 저축의 비법 5단계를 적어 보십시오

_____

_____

_____

_____

_____

_____

_____

_____

지금부터 실천하십시오! 가서, 주고, 전도하며, 데리고 나와 세례 받고 직분을 받을 때까지 보십시오. 그러면 영혼 저축에 성공할 겁니다. 큰 부자가 되어, 하나님 우편에서 하나님과 함께 잔치하는 그날이 올 것입니다.

🌱 〈누가복음〉 15장 7절을 적어 보십시오

_____

_____

🌱 〈마태복음〉 22장 2절을 적어 보십시오

_____

_____

✦✦✦

사실 기도 저축, 체험 저축, 영혼 저축을 모두 잘하면 얼마나 좋겠습니까? 하지만 우리의 의지로는 잘 안 됩니다. 그래서 성경은 다음과 같이 말씀합니다.

"그런즉 너희가 어떻게 행할지를 자세히 주의하여 지혜 없는 자 같이 하지 말고 오직 지혜 있는 자 같이 하여 세월을 아끼라 때가 악하니라 그러므로 어리석은 자가 되지 말고 오직 주의 뜻이 무엇인가 이해하라 술 취하지 말라 이는 방탕한 것이니 오직 성령으로 충만함을 받으라" 〈에베소서〉 5장 15~18절

사도 바울은 우리에게 성령으로 충만함을 받으라고 말합니다. 내 힘으로는 안 되지만, 성령이 내 안에 충만하면 성령의 능력과 힘으로 된다는

것입니다.

🌱 신앙 인생을 성공적으로 이끌기 위해 우리의 삶에 저축해야 하는 것들을 적어
보십시오

_____

_____

_____

_____

_____

_____

〈에베소서〉 5장은 사도 바울이 옥중에서 에베소 교인들에게 쓴 서신입니다. 사도 바울은 옥중에서 간수들이 그들의 무료함을 달래는 방법으로 술을 먹고 취하는 모습을 자주 접했을 겁니다. 그러고는 에베소 교인들을 향해 "술 취하지 말라 이는 방탕한 것이라."고 전합니다. 그런데 술 취함과 성령 충만에는 공통점이 있습니다. 마지막으로, 이 부분을 살펴보고자 합니다.

첫째, 술 취함과 성령 충만함은 어떻게 가능합니까? 술은 마시고 몸 안으로 들어가야 취하게 됩니다. 마찬가지로, 성령도 내 안으로 들어오셔야 충만해지고 역사가 일어납니다.

둘째, 안주가 필요합니다. 술을 마실 때, 속 버리지 말고 다음 날 머리 아프지 말라고 안주와 함께 마십니다. 성령 충만도 '말씀'이라는 안주가 있어야 합니다. 말씀 없이 기도 많이 하고 은혜 받으면, 대부분 무질서해지고 신비주의에 빠지는 경우가 생깁니다.

셋째, 함께하면 좋습니다. 술은 혼자 먹는 것보다 여러 사람이 함께 앉아 주거니 받거니 하면 맛이 좋다고 합니다. 성령 충만도 마찬가지입니다. 혼자 밤새 기도하는 것도 물론 중요합니다. 하지만 함께 모여 앉아 기도하면 성령의 불이 더욱 활활 타오르고 옆 사람에게 전도도 됩니다.

넷째, 목소리가 커집니다. 평상시 내성적인 사람도 술만 먹으면 술기운에 말도 잘하고 노래도 부릅니다. 성령 충만해지면 기도가 얼마나 뜨거워지는지 모릅니다.

다섯째, 혀가 꼬입니다. 술만 취하면 테이프 늘어지듯 말도 늘어집니다. 성령이 충만해지면 방언이 터집니다.

여섯째, 안 하던 짓을 합니다. 술에 취하면 길에 눕기도 하고 전봇대를 끌어안기도 합니다. 반면, 성령이 충만해지면 안 하던 행동을 하게 됩니다. 기도도 하게 되고, 전도도 열심히 하게 됩니다. 얼마나 감사한지요.

🌱 성령이 충만하면 어떤 현상이 일어납니까? 정리해 보십시오

_____

_____

_____

_____

극단적으로 말해, 술 취함과 성령 충만함의 공통점이라 표현했지만 사실 술 취함은 방탕한 것입니다. 술 취하지 마십시오! 오직 성령의 충만함만 있길 소망합니다. 우리의 신앙 인생 가운데 성령이 충만하여 마지막 날 하나님 나라 우편에 앉는 모두가 되길 바랍니다.

🌱 성령을 받은 경험이 있습니까? 만약 없다면, 성령 충만을 위해 기도하십시오

_____

_____

_____

_____

_____

_____

_____

Revival and Revival

오늘 말씀을 통해 은혜 받은 것들을 정리해 보십시오. 만약 부흥회에 참석했다면, 설교 노트로 활용해 보십시오.

_____

_____

_____

_____

_____

_____

_____

_____

_____

_____

_____

_____

_____

_____

_____

Grace

먼저 하나님의 말씀을 듣는 은혜를 구하라. 그리고 듣고 행하라.
믿음으로 행할 때, 그것은 우리의 신앙 고백이 될 것이다.
또한 살피고 찾을 때 하나님이 가장 좋은 것으로 채워 주신다.
내일이 아닌, 오늘 바로 능동적인 신앙인으로 생활하길 바란다.

은혜에도 단계가 있다

〈창세기〉 22장 1~14절

교회에서 '은혜'라는 단어를 많이 사용합니다. 국어사전에 보면, 은혜란 "고맙게 베풀어 주는 신세나 혜택"이라고 나옵니다. 그리고 이어서 '하나님의 은총'이라고 정의되어 있습니다. 하지만 정작 우리가 쓰는 은혜의 의미는 하나님의 은총에만 국한되어 있습니다. 뿐만 아니라 교회에서 은혜를 말할 때에는 상대방의 신앙 정도(程度)를 판가름하는 잣대로 사용하기도 합니다. 이는 은혜의 왜곡된 한 면만을 보여 주는 것입니다.

❦ 당신이 평소에 생각하는 '은혜'는 무엇인지 적어 보십시오

_____

_____

_____

_____

_____

우리는 수많은 사람과 더불어 살면서 은혜를 받기도 하고 끼치기도 합니다. 사람 인(人)에서도 볼 수 있듯이, 우리는 누군가에 기대어 살고 더불어 사는 존재입니다. 그런데 우리는 타인으로부터 받은 은혜보다는 끼친 은혜만을 생각하며 살아갑니다. 은혜는 분명 고맙게 베풀어 주는 '신세나 혜택'이라고 했는데 말입니다. 이는 오늘날뿐만이 아니라 옛날에도 그랬던 것 같습니다. 전래동화로 유명한 '은혜 갚은 까치' 이야기가 전해 오는 것을 보면 말입니다.

이와 같이 사람이 인생을 살아가면서 상호 간에 주고받는 은혜를 '일반 은혜'라고 합니다. 일반 은혜는 자녀가 부모님에게 키워 주신 것에 대한 감사, 식사를 하면서 농부와 어부의 땀방울을 생각한 것 모두가 포함됩니다. 또한 차로 아스팔트 위를 달리다 문뜩 도로를 정비하는 사람들에게 감사하거나, 버스를 타면서 운전기사의 수고에 감사한 것도 일반 은혜입니다. 즉 사람이 사람 되게 하고 성숙되게 하는 것을 일반 은혜라 해도 과언이 아닐 것입니다.

🌱 '일반 은혜'란 무엇입니까? 당신이 경험한 일반 은혜를 적어 보십시오

_____

_____

사람과 사람 사이에 일반 은혜가 있듯이, 하나님과 사람 사이에도 은혜가 있습니다. 바로 '특별 은혜'입니다. 특별 은혜란 하나님이 구원받은 성도들에게 주시는 은혜를 말합니다. 특별 은혜에서 가장 중요한 것은, 바로 '구원의 은혜'입니다. 구원은 은혜에 의하여 믿음으로 말미암아 받은 것으로, 하나님의 선물이기 때문입니다. 이 사실은 〈에베소서〉 2장 8절에 명백히 나타나 있습니다.

"너희는 그 은혜에 의하여 믿음으로 말미암아 구원을 받았으니 이것은 너희에게서 난 것이 아니요 하나님의 선물이라" 〈에베소서〉 2장 8절

🌱 '특별 은혜'란 무엇입니까? 특별 은혜에서 가장 중요한 것은 무엇입니까?

_____

_____

일반 은혜에도 사람마다 성숙도가 다르듯이, 특별 은혜에도 사람마다

영적 성장을 함에 있어서 다르게 나타납니다. 우리는 오늘 〈창세기〉 22장 1~14절을 통해, 구원 후 영적 성장을 함에 있어서 거쳐야 할 또는 거치게 될 '특별 은혜'의 단계를 하나씩 살피고자 합니다.

듣는 은혜

구원받은 성도에게 주시는 하나님의 은혜인 특별 은혜 중에서 가장 낮은 단계는 바로 '듣는 은혜'입니다. 다음의 본문을 통해 아브라함에게 있었던 '듣는 은혜'를 살펴보겠습니다.

> "그 일 후에 하나님이 아브라함을 시험하시려고 그를 부르시되 아브라함아 하시니 그가 이르되 내가 여기 있나이다 여호와께서 이르시되 네 아들 네 사랑하는 독자 이삭을 데리고 모리아 땅으로 가서 내가 네게 일러 준 한 산 거기서 그를 번제로 드리라" 〈창세기〉 22장 1~2절

본문을 보면, 하나님이 아브라함을 부르시니 아브라함은 "내가 여기 있나이다"고 대답합니다. 즉 아브라함에게는 하나님의 말씀에 귀를 기울이고, 이에 반응하는 '듣는 은혜'가 있었던 것입니다.

귀가 있고 들을 수 있는 성도라면, 누구에게나 듣는 은혜가 임할 수 있습니다. 다만, 듣고 어떻게 반응하는지에 따라 은혜가 될 수 있고 안 될 수 있습니다. 때문에 듣는 은혜는 은혜 중에서도 가장 낮은 단계의 은혜이나, 무엇보다 중요하고 기본이 되는 은혜입니다.

🌱 듣는 은혜는 무엇입니까?

_____

_____

"그러므로 믿음은 들음에서 나며 들음은 그리스도의 말씀으로 말미암았느니라"〈로마서〉 10장 17절

구원은 믿음으로 말미암아 받는 하나님의 선물입니다. 그리고 이 믿음은 들음에서 나며, 들음은 그리스도의 말씀입니다. 즉 우리가 하나님의 말씀을 듣는 것 자체만으로도 큰 은혜인 것입니다. 구원의 은혜, 특별 은혜라는 말입니다.

아브라함은 이 듣는 은혜에 엄청난 은사가 있었던 사람입니다. 성경 어디를 보더라도 아브라함은 항상 하나님의 말씀을 경청하고, 말씀에 바로 반응하였습니다. 가장 중요하고 기본이 되는 '듣는 은혜'를 깨달은 자였기에, 하나님의 말씀인 성경에 믿음의 조상으로 일컬어질 수 있었던 겁니다.

🌱 듣는 은혜가 중요한 이유는 무엇입니까?

_____

_____

아브라함 당시는 씨족사회였고, 아브라함 공동체의 족장이 바로 아브라함이었습니다. 그렇다면 아브라함이 족장으로 있던 공동체의 인원은 몇 명 정도였을지 추론해 볼까요? 성경에 나온 사건(롯 구출 사건; 〈창세기〉 14장)을 근거하여 우리가 대충 계산해도 최소 318명, 이에 가족을 합산하면 약 327명 정도 됩니다. 좀 더 정확하게 신학자들의 연구에 의하면, 약 1,000명 정도가 아브라함의 공동체였을 것이라 합니다. 극단적으로 말하면, 무려 1,000명 중에도 하나님의 말씀을 듣는 은혜는 아브라함에게만 임했다는 것입니다.

오늘날도 마찬가지입니다. 수많은 기독교인이 이 땅과 세상 속에 살고 있지만, 진정 하나님의 말씀을 듣는 은혜를 받은 사람은 그중 일부에 지나지 않습니다. 굳이 교회에 안 가더라도 인터넷으로 인해 언제 어디서나 손쉽게 설교를 골라서 들을 수 있는 말씀의 풍요 속에 우리는 살고 있습니다. 그럼에도 하나님의 말씀이 특별 은혜인 것은, 듣고 내면에 변화가 일어나는 사람은 그 전부가 아니기 때문입니다. 즉 듣고 흘리는 것이 아닌 내면에 말씀의 깨달음이 있는 자에게만 임하는 은혜인 것입니다.

우리 교회 근처에 큰 백화점이 하나 있습니다. 그런데 한번은 엄청난 이벤트를 했습니다. 첫 번째로 들어오는 사람에게 무려 280만 원짜리 밍크 코트를 단 10원에 준다는 것입니다. 그다음은 이야기 안 해도 아시겠죠? 사람들의 줄이 백화점을 둘러싸고도 한참 긴 것입니다. 단 한 사람에게만 주는 이벤트 찬스를 얻기 위해 대략 2천 명이 줄을 선 것입니다. 백화점의 문이 열리고 정말로 280만 원짜리 밍크 코트는 단 한 사람에게만 돌아갔습니다.

잘만 들어도 280만 원짜리 밍크 코트를 단 10원에 살 수 있는데, 하물며 영원한 생명이 있는 천국에 예수님을 믿기만 하면 간다는데, 그 믿음은 들음에서 나온다는데 하나님의 말씀을 듣지 않을 이유가 어디에 있겠습니까? 부디, 우리 모두에게 듣는 은혜가 있길 바랍니다.

🌱 당신에게 듣는 은혜가 임했던 경험이 있습니까? 그때의 은혜를 적어 보십시오

_____

_____

행하는 은혜

특별 은혜의 가장 낮은 단계는 '듣는 은혜'였습니다. 이제 중간 단계로 넘어가야 하는데, 다시 본문으로 돌아가 말씀을 살펴보겠습니다.

"아브라함이 아침에 일찍이 일어나 나귀에 안장을 지우고 두 종과 그의 아들 이삭을 데리고 번제에 쓸 나무를 쪼개어 가지고 떠나 하나님이 자기에게 일러 주신 곳으로 가더니… 손을 내밀어 칼을 잡고 그 아들을 잡으려 하니" 〈창세기〉 **22장 3~10절**

하나님은 아브라함에게 말씀하셨고, 아브라함은 아침 일찍 길을 떠나

하나님이 일러주신 곳으로 갔습니다. 그리고 100세에 겨우 얻은 독자 이삭을 번제로 드리려고 합니다. 이는 아브라함에게 어떤 은혜가 있었기에 가능했습니까? 바로 아브라함은 듣는 은혜에서 더 나아가 하나님의 말씀을 따르는 은혜, 즉 '행하는 은혜'가 있었던 것입니다.

"행함이 없는 믿음은 죽은 믿음이다."는 말을 들어 보셨을 것입니다. 이는 진정으로 거듭난 그리스도인이라면, 그 삶 가운데 반드시 변화가 있어야 함을 의미합니다. 즉 듣고 행할 때 더 큰 은혜가 있는 것입니다.

🌱 특별 은혜 중 중간 단계의 은혜는 무엇입니까?

_____

_____

하나님은 아브라함에게 번제로 이삭을 바칠 것을 명하셨습니다. 번제가 어떤 제사인지 잘 알고 계시죠? 사실 번제를 쉽게 제물을 태우는 의식이라고만 생각할 수 있습니다. 하지만 실상은 조금 잔인합니다.

목을 따고 피를 다 쏟으며 가죽을 모두 벗깁니다. 뿐만 아니라 배를 갈라 창자와 기름을 다 긁어내서 조각을 낸 뒤에 불을 피워 모두 태우는 것을 번제라고 합니다. 그런데 하나님은 아브라함에게 100세에 얻은 귀하디귀한 독자 이삭을 번제로 바치라는 것입니다. 자식을 드리는 것도 어려운데 번제의 제물로 드리라는 것입니다.

🌱 〈레위기〉 7장 2~5절의 말씀을 읽고, 번제에 대해 정리해 보십시오.

아브라함은 이런 하나님의 말씀을 듣고 주저하지 않았습니다. 아침 일찍 길을 떠났고, 주저하지 않고 칼을 들었습니다. 듣는 은혜에서 행하는 은혜가 곧장 이어졌습니다. 이때 놀라운 하나님의 음성이 아브라함에게 다시 들렸습니다.

"그 아이에게 네 손을 대지 말라 그에게 아무 일도 하지 말라 네가 네 아들 네 독자까지도 내게 아끼지 아니하였으니 내가 이제야 네가 하나님을 경외하는 줄을 아노라" 〈창세기〉 22장 12절

읽고 또 읽어도 손에 땀이 나고, 참으로 긴장이 되는 장면입니다.

2007년 12월 31일, 송구영신예배를 앞두고 저는 헌금을 준비하러 은행에 갔습니다. 그런데 마음에 하나님의 음성이 들려오는 것입니다. '내가 너에게 얼마를 주면 2008년도에 사역을 잘 할 수 있겠니?' 저는 주저하지 않고 '1억이요.'라고 대답했습니다. 그랬더니 다시 '1억을 주면 1천만 원 십일조를 하겠니?'라고 하는 게 아닙니까? '그래도 제가 목사인데, 당연히 해야 하지 않겠습니까?'라고 당당하게 대

답을 했습니다. 그러자 하나님은 '좋아. 내가 너에게 2008년도에 1억을 줄 테니 먼저 십일조를 해라'고 하시는 겁니다. 결국 저는 마이너스 통장을 이용하여 1천만 원을 미리 드렸습니다. 그리고 2008년 12월 31일, 한 해 동안의 수입을 합산해 보았습니다. 은행 과장 출신인 저에게 연간 수입을 정리하는 것은 누워서 떡먹기와 같이 쉬운 일이었죠. 결과는 무려 1억 2687만 5천 원이 나왔습니다.

듣는 은혜에서 반응하고는, 반드시 주저하지 않고 바로 행하는 은혜가 따라야 합니다. 그때 비로소 듣는 은혜도 은혜가 되고, 행하는 은혜도 은혜가 되는 것입니다. 그런데 문제는 그다음입니다. 2007년 12월 31일과 마찬가지로 2008년 12월 31일에도 1천만 원을 십일조로 미리 드렸습니다. 2008년도 수입 통계를 보니, 마음에 욕심이 생겼던 것입니다. 인간적인 계산과 물질에 대한 욕심이 생긴 것입니다. 그 결과는 말 안 해도 아시죠? 하나님의 음성을 듣고 행하는 것은 반드시 하나님이 책임져 주십니다. 이것이 진정한 은혜인 것입니다.

🌱 행하는 은혜, 당신은 어디까지 가능합니까? 아브라함과 같은 행하는 은혜를 달라고 기도해 보십시오

_____

_____

_____

고백하는 은혜

"이삭이 그 아버지 아브라함에게 말하여 이르되 내 아버지여 하니 그가 이르되 내 아들아 내가 여기 있노라 이삭이 이르되 불과 나무는 있거니와 번제할 어린 양은 어디 있나이까 아브라함이 이르되 내 아들아 번제할 어린 양은 하나님이 자기를 위하여 친히 준비하시리라 하고 두 사람이 함께 나아가서" 〈창세기〉 22장 7~8절

본문을 읽다 보면, 한 가지 의문이 생깁니다. 바로 이삭이 아브라함에게 번제할 어린 양은 어디에 있냐고 물었을 때 아브라함의 대답이 모호합니다. 사실 이때 아브라함은 이삭에게 번제할 제물은 바로 '너다!'라고 솔직하게 대답을 했어야 합니다. 하지만 아브라함은 "하나님이 자기를 위하여 친히 준비하시리라"고 대답합니다. 언뜻 보면, 마치 아브라함이 하나님을 핑계하는 것과 같이 들립니다. 그러나 하나님이 보시기에 이는 아브라함의 믿음이 더욱 빛나는 최고의 대답이었습니다.

🌱 고백하는 은혜는 무엇입니까?

_____

〈마태복음〉 16장에 나오는 시몬 베드로의 신앙 고백을 기억합니까?

"주는 그리스도시요 살아 계신 하나님의 아들이시니이다" 〈마태복음〉 16장 16절

가이사랴 빌립보 지방에서 예수님은 제자들에게 "나를 누구라 하느냐"라고 질문하셨습니다. 이때 베드로가 대답한 말로, 우리에게는 신앙고백으로 유명합니다. 아브라함도 마찬가지였습니다.

"하나님이 자기를 위하여 친히 준비하시리라" 〈창세기〉 22장 8절

즉 100세에 독자 이삭을 주신 분도 하나님이요, 이를 데려가시는 분도 하나님이라는 것입니다. 하나님을 향한 아브라함의 진심 어린 신앙고백이었던 것입니다.

🌱 당신의 신앙고백을 적어 보십시오

_____

_____

'말의 권세'라는 이야기를 들어보셨을 것입니다. 그만큼 말에는 타인을 행동하게 하는 능력이 있습니다. 선생님이 아이들에게 "손을 들어 보세요."라고 하면, 아이들은 그대로 따라합니다. 누군가가 "고개를 돌려 보세요."라고 하면, 사람들은 그의 말에 따라 움직입니다. 이것이 바로 말의 능력입니다. 조엘 오스틴의 ≪긍정의 힘≫이 선풍적인 인기를 끌면서 오늘날 서점에는 다양한 긍정의 언어로 적힌 제목의 도서들이 선풍적인 인기를 끌고 있습니다. 말은 엄청난 힘을 가지고 있기에 실제로 이런 현상이

우리 사회 가운데 나타나는 것입니다.

그런데 이런 말의 권세에는 맹점이 있습니다. 바로 내가 어떻게 말하고 생각하냐에 따라 인생이 바뀌고 이뤄진다는 인본주의가 들어 있다는 겁니다. 어떻게 믿느냐가 아니라 어떻게 생각하느냐가 더 중요하다는 겁니다. 사람들이 말하는 긍정의 힘에는 하나님이 없습니다. 내가 스스로 나의 인생을 만들어 가는 것을 의미합니다. 하지만 아브라함의 대답에는 하나님이 계십니다. 본문의 대답이 거짓이 아닌 신앙고백이라는 증거가 바로 이것입니다. 그 가운데 하나님이 계신 것 말입니다.

우리 교회 집사님 중 한 분은 15년 전까지 불교 신자였습니다. 제가 2년을 쫓아다니며 전도하니까 결국 교회를 나오게 되었습니다. 정말 10년을 열심히 다녔습니다. 그 10년 동안 그분의 삶은 참으로 축복이 넘쳤겠죠? 아닙니다. 극단적으로 말해, 쫄딱 망했습니다. 시아버지는 중풍으로 돌아가시고, 남편은 실적 없다고 보험회사에서 정리해고 되었으며, 자녀들은 어려운 형편 속에서 방황했습니다. 결국 남은 재산을 모두 정리하여 3~4천만 원으로 인천의 한 달동네로 이사를 갔습니다. 인천에서 잠실까지, 지하철을 3번이나 갈아타면서까지 3~4년을 열심히 교회에 나왔습니다. 그런데 그 고통 가운데서도 믿음 생활을 열심히 한 결과는 암이었습니다. 총 14년의 신앙 생활을 통해 남은 거라고는 암뿐이었던 것입니다. 그래도 그분은 절망하지 않고 더욱 열심히 교회에 나왔습니다. 더욱 열심히 기도에 전념했습니다. 결국 그분은 건강을 되찾았고, 남편은 공무원 시험에 합격했으며, 자녀들은 엄청나게 성공했습니다.

우리 교회 집사님이 결국 좋은 결실을 맺은 근본적인 이유는, 신앙 생활을 열심히 해서이기도 하지만 무엇보다 그분의 신앙고백이 매 순간 삶 가운데 있었기에 가능했습니다. 56세의 아주머니가 무려 36kg까지 빠질 정도였으니, 몸이 얼마나 많이 아팠겠습니까? 너무도 안쓰러워 교회라도 가까운 데 나가라고 해도 그분은 늘 '한번 만난 목사님은 영원한 목사님이고, 한번 만난 교회는 영원한 교회'라는 것이었습니다. 뿐만 아니라 예배 후에 항상 저에게 기도를 받으셨는데, 그때마다 '목사님, 저 다 나았어요!'라고 늘 입버릇처럼 이야기했습니다. 하나님 중심의 그 고백은 결국 좋은 열매를 맺게 되었습니다.

🌱 당신의 삶 가운데 어떤 긍정의 말들이 있습니까? 그 말들은 신본주의적 입니까, 아니면 인본주의적 입니까? 만약 인본주의적이라면, 아브라함과 같이 하나님 중심 긍정의 말로 바꿔 보십시오

_____

_____

_____

살피고 찾는 은혜

특별 은혜의 최고 단계는 바로 '살피고 찾는 은혜'(알아서 하는 은혜, 스스로 하는 은혜)입니다.

"아브라함이 눈을 들어 살펴본즉 한 숫양이 뒤에 있는데 뿔이 수풀에 걸려 있는지라 아브라함이 가서 그 숫양을 가져다가 아들을 대신하여 번제로 드렸더라" 〈창세기〉 22장 13절

사실 하나님이 아브라함을 향해 "그 아이에게 네 손을 대지 말라 그에게 아무 일도 하지 말라 네가 네 아들 네 독자까지도 내게 아끼지 아니하였으니 내가 이제야 네가 하나님을 경외하는 줄을 아노라"고 말씀하실 때, 번제를 그만두고 얼른 산에서 내려올 수 있는 상황이었습니다. 100세에 낳은 독자 이삭을 번제로 드릴 뻔 했다가 살았는데, 어느 부모가 그 자리를 빨리 뜨고 싶지 않겠습니까? 하지만 아브라함은 눈을 들어 살펴보았습니다. 그러고는 수풀에 걸려 있는 숫양을 가져다가 하나님에게 번제를 마저 드렸습니다.

🌱 살피고 찾는 은혜를 정리해 보십시오

_____

_____

_____

_____

본문을 살펴 보십시오. 그 어디에도 하나님이 말씀하셔서, 명하셨기에 눈을 들어 살핀 것이 아닙니다. 아브라함은 하나님의 제지에 그치지 않

고, 바로 그다음 믿음의 반응을 보였던 것입니다. 하나님에게 드리는 예배를 끝까지 드렸던 것입니다. 믿음으로 눈을 들어 살폈을 때 한 숫양을 발견했고, 아들 대신에 제물로 삼아 번제를 드렸습니다. 하나님이 시켜서가 아니라 아브라함이 스스로 능동적으로 행동했던 것입니다.

🌱 만약 당신이 아브라함과 같은 시험에 처했다면, 하나님이 "합격!"을 명하셨을 때 어떻게 했을지 생각해 보십시오

우리의 모습을 아브라함의 행동에 적용해 봅시다. 우리의 신앙 생활은 능동적입니까, 아니면 수동적입니까? 마치 교회에 나가는 것을 감사하게 생각해 주길 바라지는 않습니까? 예배도, 교제도, 봉사도, 사랑도 스스로 알아서 하는 겁니다. 누가 권유해서, 누가 알아주길 바라서 하는 것이 아닙니다. 아브라함과 같이 스스로 살피고 찾는 은혜가 우리 가운데 있길 바랍니다. 능동적인 신앙인이 되길 간절히 소망합니다.

🌱 당신의 신앙 생활은 능동적입니까, 아니면 수동적입니까? 그렇게 생각하는 이유는 무엇입니까?

_____

_____

✛✛✛

우리는 본문을 통해 은혜 중에서도 특별 은혜에 대해 살펴보았습니다. 듣는 은혜, 행하는 은혜, 고백하는 은혜, 살피고 찾는 은혜가 바로 그것입니다. 우리의 은혜 단계는 지금 어디에 있습니까? 여전히 가장 낮은 단계인 듣는 은혜에 머물고 있지는 않은지, 아니면 듣기도 거부하고 있는 것은 아닌지 돌아보길 바랍니다. 은혜의 단계는 신앙 생활의 연수와 비례하지 않습니다. 능동적인 신앙 생활을 할 때에 비로소 은혜의 단계가 높이 오를 수 있다는 것을 기억하십시오.

🌱 특별 은혜 중 당신은 어느 단계의 성도입니까?

_____

_____

_____

혹 아브라함과 같이 살피고 찾는 은혜의 단계에 있는 사람이라면, 은혜의 단계를 뛰어넘는 구원의 현장으로 출동하길 바랍니다. 듣고, 행하며, 고백하고, 살피고 찾는 은혜를 가진 사람이라면, 영혼 구원에도 반드시 관심을 가져야 할 것입니다. 처음에 말한 것처럼, 사람은 혼자서 살 수 없습니다. 서로 기대고 더불어 살아야 합니다. 신앙 생활도 마찬가지입니다. 혼자서는 할 수 없습니다. 서로 더불어 해야 완전한 신앙인이 될 수 있습니다.

믿음이 좋은 여자 집사님 한 분이 있었습니다. 그런데 남편이 집사님이 교회 다니는 것을 심하게 핍박했습니다. "왜 이렇게 자주 교회에 가? 옆집 여자는 바람났다는데, 혹시 당신도 바람난 거 아니야?"라면서 언어 폭력을 일삼았습니다. 한번은 여자 집사님이 남편이 너무 미워서 해결해 달라고 기도를 하는데 이런 마음이 들더랍니다. "○○아, 너의 남편도 내가 사랑하는 자녀란다." 며칠 후, 여자 집사님은 남편이 좋아하는 부추전과 함께 소주를 준비했습니다. 그리고 남편에게 "여보~ 당신은 소주 한 잔, 나는 우리 주님 한 잔해요."라고 애교 섞인 말로 권했습니다. 문제는 이 남편의 입에서 뜻밖의 말이 나온 겁니다. "교회 다니는 사람이 이렇게 술을 권해도 돼?" 결국 어떻게 됐을까요? 여자 집사님의 너그럽게 변화된 모습에 감동하여 남편도 교회를 열심히 다니게 되었답니다.

먼저 하나님의 말씀을 듣는 은혜를 구하십시오. 그리고 듣고 행하십시오. 믿음으로 행할 때, 그것은 우리의 신앙고백이 될 것입니다. 또한 살피고 찾을 때 하나님이 가장 좋은 것으로 채워 주십니다. 내일이 아닌, 오늘 바로 능동적인 신앙인으로 생활하길 바랍니다.

🌱 당신이 지금 당장 할 수 있는 능동적인 신앙인의 모습엔 어떤 것들이 있습니까? 바로 실천해 보십시오

_____

_____

갓난아기가 처음부터 말을 잘하고 두 발로 서서 걸을 수 없습니다. 단어와 단어를 익히고, 문장을 만들어 문장끼리 이어질 때 말을 잘할 수 있습니다. 넘어지고 또 넘어져야 잘 걸을 수 있습니다. 지금의 은혜 단계를 창피해하지 마십시오. 부끄러운 것이 아닙니다. 유아기가 있어야 성인이 될 수 있고, 훈련을 잘 받아야 멋진 군인이 될 수 있듯이 우리 모두 하나님이 기뻐하는 은혜의 신앙인이 되길 바랍니다.

🌱 영적 성장을 위해 지금 당장 당신에게 필요한 은혜의 단계를 점검하고, 성장 방안을 모색해 보십시오

_____

_____

_____

Revival and Revival

오늘 말씀을 통해 은혜 받은 것들을 정리해 보십시오. 만약 부흥회에 참석했다면, 설교 노트로 활용해 보십시오.

_____
_____
_____
_____
_____
_____
_____
_____
_____
_____
_____
_____
_____
_____
_____
_____
_____

부흥으로
역전하라

STEP

2

살리는 능력을
발휘하라

Mission

성경에서 말씀한 대로, 주님은 우리를 부르셨고
우리로 하여금 복음을 전하게 명하셨다.
그런 주님이 열두 제자에게 주신 권능을 우리에게는 왜 주지 않겠는가?
믿음으로 나아가라. 그럼, 능력 전도를 할 수 있다.

4

능력 전도에
도전하라

〈마태복음〉 10장 1~8절

전도란 무엇이라 생각합니까? 하나님의 말씀을 전하는 것, 십자가 복음을 선포하는 것 등 다양한 대답이 나옵니다. 즉 전도란 예수님을 전하는 것입니다. 〈고린도전서〉 1장 21절을 보면, 다음과 같이 말씀합니다.

"하나님의 지혜에 있어서는 이 세상이 자기 지혜로 하나님을 알지 못하므로 하나님께서 전도의 미련한 것으로 믿는 자들을 구원하시기를 기뻐하셨도다" 〈고린도전서〉 1장 21절

하나님은 전도의 미련한 것으로 사람들이 구원 얻는 것을 기뻐하셨다고 말씀합니다. 부디, 우리 모두 하나님을 기쁘시게 하는 성도들이 되길 소망합니다. 그렇다면 전도에는 어떤 것들이 있을까요?

🌱 당신은 주로 어떻게 전도합니까? 당신의 전도 방법을 적어 보십시오

_____

_____

_____

오래 전, 우리의 부모님 세대 때만 해도 전도하면 성경 들고 길거리에 나가 정류소 앞에서 전도지를 나눠 주며 "예수님 믿으세요!"라고 외치던 게 전부였습니다. 하지만 오늘날 다양해진 세상의 모습처럼 전도도 발전을 거듭하여 다양하게 등장하고 있습니다. 결국 토종 전도법인 '고구마 전도법'까지 나왔으니, 얼마나 다양한 전도법이 있겠습니까? 이런 전도법은 크게 두 가지로 나눠서 볼 수 있습니다. 능력 전도와 훈련 전도가 바로 그것입니다.

능력 전도란 흔히 성령 전도라 합니다. 즉 나의 능력이 아닌 성령의 능력으로 한다고 해서 능력 전도 혹은 성령 전도라고 합니다.

"오직 성령이 너희에게 임하시면 너희가 권능을 받고 예루살렘과 온 유대와 사마리아와 땅 끝까지 이르러 내 증인이 되리라 하시니라" 〈사도행전〉 1장 8절

🌱 능력 전도의 경험이 있습니까? 언제, 어디서, 어떻게 전도할 때 성령의 능력을 체험했습니까?

_____

_____

그럼, 훈련 전도란 무엇일까요? 훈련 전도는 다른 말로 의지 전도라고 합니다. 1년 반에서 2년 정도 훈련을 받고는, 나의 의지로 나가서 훈련 받은 대로 전도를 한다는 말입니다. 흔히, 교회마다 있는 '전도특공대' 같은 거라고 생각하면 이해가 쉬울 겁니다.

🌱 당신이 알고 있는 훈련 전도에는 어떤 것들이 있습니까? 모두 적어 보십시오.

_____

_____

_____

_____

사실 훈련 전도는 워낙 다양한 훈련법이 있고, 누구나 도전할 수 있는 것입니다. 의지만 있다면 말입니다. 하지만 능력 전도는 다릅니다. 성령의 역사가 있어야 그 능력을 얻어 전도할 수 있기에 참으로 어렵습니다. 의지를 가지고 훈련 전도를 나가지만, 성령의 능력이 없다면 허공에 맴도는 메아리와 다를 게 없습니다. 그렇다고 훈련 전도에 능력이 없고, 소용 없는 일이라는 것은 아닙니다. 먼저, 훈련이 되어야 성령의 도우심도 큰 법입니다.

보통 우리는 전도를 개인 전도, 교회 전도, 소그룹 전도, 물품 전도, 문서 전도로 나눠서 합니다. 이때 가장 많이 하는 전도가 개인 전도인데, 이 전도에는 훈련 전도와 능력 전도가 함께 있어야 효과가 큽니다.

우리 교회도 매주 전도를 나갑니다. 이때, 대부분 젊은 사람과 짝이 되길 원합니다. 결국 전 항상 제일 나이가 많은 권사님과 짝이 되곤 합니다. 하루는 권사님과 아파트 전도를 나갔습니다. "권사님, 벨을 눌렀을 때 밖에 남자가 서 있으면 문을 잘 안 열어 줍니다. 그러니 전 문구멍으로 안 보이게 서 있을 테니까 권사님이 활짝 웃으며 서 계세요. 권사님, 스마일~ 아이참, 권사님 스마일~ 그리고 문을 열면, '예수님 믿으세요!'라고 하시면 안 돼요." "목사님, 나도 알아요. '물 좀 주세요!'라고 하는 거요." 그러고는 벨을 누릅니다. 할머니 한 분이 서 있으니 당연히 집주인은 문을 열어요. 그런데 이때 권사님은 연습과는 달라져요. "아! 목사님, 뭐라고 말하라고 하셨죠?" 이러면 전도는 어떻게 되나요?

능력 전도도 중요하지만, 훈련 전도도 중요한 이유가 바로 여기에 있습니다. 훈련 전도가 바탕이 되지 않으면, 능력 전도도 어렵다는 겁니다. 훈련과 능력이 적절한 조화가 이뤄져야 성공적인 전도가 됩니다. 그렇다고 훈련이 안 되어 있어서 능력이 나타나지 않는 것은 아닙니다.

훈련이 안 되어 있어도 연세가 많으신 권사님들이 훈련된 젊은 전도자들보다 더 많이 전도하시는 걸 보면, 성령의 능력이 나타나는 곳은 아무도 모르는 것입니다.

성령의 능력이 언제 어떻게 나타나는지 우리는 알 수 없지만, 성령의 능력이 어떤 모습으로 나타나는지는 알 수 있습니다. 성경에서 성령의 권능을 이미 말씀해주니까요. 그럼, 능력 전도에 대해 자세히 살펴보겠습니다.

영적 지배 능력

"그러므로 내가 너희에게 알리노니 하나님의 영으로 말하는 자는 누구든지 예수를 저주할 자라 하지 아니하고 또 성령으로 아니하고는 누구든지 예수를 주시라 할 수 없느니라" 〈고린도전서〉 12장 3절

누구든지 성령으로 아니하고는 예수님을 주라 할 수 없다고 성경은 말씀합니다. 결국 우리가 예수 그리스도를 간직하면 성령이 우리 안에 있고, 믿음으로 "예수님 믿으세요!"를 외치면 우리 안의 성령이 예수 이름의 능력으로 나타난다는 것입니다.

저의 어머니는 한국전쟁으로 첫 번째 남편을 여의고, 두 번째 남편을 만나 저를 낳으셨습니다. 그런데 저를 낳고는 얼마 되지 않아서 고혈압으로 일찍 세상을 떠나셨습니다. 그리고 세 번째 남편으로 예수님을 영접하셨답니다. 평생 예수님을 믿으며 혼자서 저를 어렵게 키우

셨죠. 먹고 살기도 힘들었지만, 저의 어머니는 날마다 기도와 전도를 잊지 않으셨습니다. 그러던 어느 날, 저만치서 외국인 한 명이 내려오더랍니다. 어머니는 담대하게 "예수님 믿으세요!"를 외쳤답니다. 이에 그 외국인이 영어로 "Are you real Christian?"이라고 묻더랍니다. 그러고는 가방에서 기타를 꺼내서 어머니에게 찬양을 불러 주었답니다. 지하보도 안에서 기타를 치며 찬양하는 외국인과 함께 어머니는 "예수님 믿으세요!"라고 외치니, 이를 본 사람들이 엄청나게 몰려들었고 전도는 탄력을 받아서 엄청난 효과를 이뤘다고 합니다.

전도는 지름길도, 왕도도 없습니다. 밖으로 나가 외치십시오. 그러면 성령님이 우리를 통해 엄청난 일을 행하십니다. 왜 이렇게 강력하게 주장할 수 있을까요? 어머니의 전도는 여기서가 끝이 아니었습니다.

외국인과 함께 전도하고 있는데, 수많은 사람 중에 한 밍크 코트를 입은 귀부인이 나타나 어머니에게 이야기하더랍니다. "〈사도행전〉에 보니, 전도자에게는 능력이 있다고 합니다. 전도하는 아주머니, 저의 자궁에 혹이 있습니다. 통증이 너무 심해서 치료받고 있는데 기도해 주지 않겠습니까?" 어머니는 그 여자 분을 위해 뜨겁게 기도해 주셨고, 모였던 기독교인들도 그 여자 분을 위해 한마음으로 기도했답니다. 20~30분 후 기도가 마치자, 이 여자 분은 통증이 사라졌다며 기뻐하더랍니다.

할렐루야! 이것이 바로 능력 전도의 힘입니다.

🌱 당신에게도 이와 같은 경험이 있습니까?

_____

_____

"예수께서 그의 열두 제자를 부르사 더러운 귀신을 쫓아내며 모든 병과 모든 약한 것을 고치는 권능을 주시니라" 〈마태복음〉 10장 1절

예수님은 열두 제자를 불러 복음을 전하게 하시고, 그들로 하여금 더러운 귀신을 쫓아내는 권능을 주셨습니다. 귀신을 쫓아내는 능력, 즉 영적 지배 능력을 주셨다는 것입니다. 우리도 예수님의 이름으로 나가 복음을 증거할 때, 영적 지배 능력을 우리 가운데도 부어 주실 줄 믿습니다.

육적 지배 능력

〈마태복음〉 10장 1절을 다시 살펴보겠습니다.

"예수께서 그의 열두 제자를 부르사 더러운 귀신을 쫓아내며 모든 병과 모든 약한 것을 고치는 권능을 주시니라" 〈마태복음〉 10장 1절

영적 지배 능력 다음으로 나오는 것이 무엇입니까? 모든 병과 모든 약

한 것을 고치는 권능을 주셨습니다. 이것은 바로 육신의 연약함을 낮게 하는 능력입니다. 육적 지배 능력이라고 합니다. 예수 그리스도를 믿고 나아가 복음을 선포하는 자들에게 주시는 성령의 능력입니다.

🐜 복음을 전하는 가운데 당신이 육적 지배 능력을 경험했거나, 다른 사람에게 행한 적이 있습니까?

_____

_____

_____

_____

_____

"예수께서 이 열둘을 내보내시며 명하여 이르시되 이방인의 길로도 가지 말고 사마리아인의 고을에도 들어가지 말고 오히려 이스라엘 집의 잃어버린 양에 게로 가라 가면서 전파하여 말하되 천국이 가까이 왔다 하고 병든 자를 고치며 죽은 자를 살리며 나병환자를 깨끗하게 하며 귀신을 쫓아내되 너희가 거저 받았으니 거저 주라" 〈마태복음〉 10장 8절

제자들이 세상에 나가 복음을 전하니 육적 지배 능력이 나타났던 겁니다. 이는 오늘날 우리에게도 일어나는 성령의 능력입니다. 귀신은 물론이요, 성령의 능력으로 병든 자를 고칠 능력도 주면 가능하리라 믿습니다.

한번은 전도사 시절, 교회에서 전도를 나갔습니다. 저와 짝이 된 집사님과 아파트 꼭대기 층부터 초인종을 누르며 내려오고 있었습니다. 그렇게 4층까지 왔는데, 왠지 문이 열릴 것 같았습니다. 그래서 집사님과 준비를 하고 초인종을 눌렀습니다. 그런데 정말 문이 열리는 거예요. 그러고는 들어오라고 하지 않겠습니까? 문제는 문틈 사이로 한 여인이 안에 있는데 거꾸로 매달려 있다는 겁니다. 집사님은 아랑곳하지 않고 성큼성큼 집 안으로 들어갔습니다. 그리고 우리는 사연을 듣게 되었습니다. "우리 딸입니다. 그런데 벌써 6번이나 유산을 했습니다. 이번에 다시 임신을 했는데, 다시 7번째 유산을 할 수 있다고 하여 하혈하지 않도록 거꾸로 매달아 놓은 겁니다. 저는 권사입니다. 우리 딸은 아직 교회에 다니지 않습니다. 어젯밤, 기도하는데 오늘 전도자들이 올 거라는 응답을 받았습니다. 우리 딸을 위해 기도해 주시면 좋겠습니다." 마치 〈사도행전〉 10장의 베드로를 초대한 고넬료와 같았습니다. 성경 속의 이야기가 현실에서 벌어진 겁니다. 너무나 기쁘고 행복했습니다. 그런데 문제는 지금부터가 시작입니다. 권사님의 딸이 소리치기 시작했습니다. 기도받기 싫다고 말입니다. 그럼에도 우리는 계속 권사님의 딸을 붙들고 기도했습니다. 그리고 마지막으로 돌아오는 주일에 교회에 오시라고 했지요. 결말은 아시죠?

전도, 어렵지 않습니다. 우리 안에 예수 그리스도만 있으면 됩니다. 예수 그리스도를 우리의 마음에 모시고 나아가 전하기만 하면 주님이 능력을 줍니다.

🐝 영적·육적 지배 능력은 성령이 우리 가운데 보여 주시는 가장 기본이 되는 능력입니다. 우리에게도 이런 능력을 달라고 기도 제목을 적고, 기도해 보십시오

_____

_____

자연 지배 능력

예수님 이름에는 자연 지배 능력이 있습니다. 〈다니엘서〉 3장을 보면, 풀무불에 던져진 세 친구의 이야기가 나옵니다.

🐝 〈다니엘서〉 3장을 읽고, 풀무불에 던져진 다니엘의 세 친구에 대해 정리해 보십시오

_____

_____

저의 어머니는 항상 전도를 하시다가도 오후 4시쯤 되면 돌아오셔서 저녁을 준비하세요. 바로 제가 학교에서 돌아오는 시간이거든요. 어느 날, 석유곤로에 밥을 올리는데 갑자가 '퍽' 하는 소리와 함께 불이 천장으로 솟아오르더란 겁니다. 석유곤로의 심지를 잘 만져야 불이

솟아오르지 않거든요. 어머니는 너무 놀라서 석유곤로를 들고 밖으로 나오셨답니다. 당황한 어머니는 전세로 얻은 남의 집에 불이라도 날까 봐, 불이 붙은 석유곤로를 급히 들고 나오셨던 겁니다. 석유를 채운 지 얼마 되지 않았기에 석유곤로는 꺼지지도 않은 채 40분가량을 혼자 타다가 서서히 꺼졌답니다. 그런데 그 활활 타오르던 석유곤로를 들고 나오신 저의 어머니, 그 어디 하나도 그을린 곳 없이 멀쩡하신 게 아닙니까? 할렐루야!

마치 풀무불에 던져진 다니엘의 세 친구처럼 말입니다. 예수님의 이름으로 선포하는 전도자에게는 자연 지배 능력도 나타남을 믿습니다.

"총독과 지사와 행정관과 왕의 모사들이 모여 이 사람들을 본즉 불이 능히 그들의 몸을 해하지 못하였고 머리털도 그을리지 아니하였고 겉옷 빛도 변하지 아니하였고 불 탄 냄새도 없었더라" 〈다니엘서〉 3장 27절

양적 지배 능력

저의 어머니 석유곤로 사건을 조금 더 이야기하겠습니다.

석유곤로가 혼자서 40분을 타다가 꺼졌습니다. 그 속의 석유는 어떻게 되어야 정상입니까? 모두 타 없어졌어야 정상입니다. 그런데 기적이 일어났습니다. 석유곤로의 석유가 가득 그대로였던 것입니다. "홍

양아, 이것 좀 보렴. 40분가량 혼자 타다가 꺼진 석유곤로에 석유가 그대로구나. 내가 혹시 잘못 본 건지 네가 봐 주겠니?" "엄마, 당연히 석유가 다 탔겠지. E에 있는 걸 F로 잘못 본 거 아니야?" "아니야. 석유가 F에 있구나." 정말로 석유는 전날 채운 그대로였습니다.

예수 그리스도의 이름을 담대히 선포하는 자에게는 양적 지배 능력도 주어집니다. 엘리야와 사르밧 과부의 이야기를 기억합니까?

"여호와의 말씀이 엘리야에게 임하여 이르시되 너는 일어나 시돈에 속한 사르밧으로 가서 거기 머물라 내가 그 곳 과부에게 명령하여 네게 음식을 주게 하였느니라 …… 여호와께서 엘리야를 통하여 하신 말씀 같이 통의 가루가 떨어지지 아니하고 병의 기름이 없어지지 아니하니라" 〈열왕기상〉 17장 8~16절

🌱 〈열왕기상〉 17장 8~16절에 나오는 사르밧 과부의 기적을 정리해 보십시오

질적 지배 능력

〈요한복음〉 2장에는 예수님의 첫 기적 사건인 가나의 혼인잔치가 나옵니다. 예수님이 가나의 혼인잔치에 참석했는데, 그만 포도주가 부족했습니다. 이에 예수님의 어머니가 예수님에게 도움을 요청했지요. 예수님은 하인들로 하여금 항아리에 물을 채우게 하였습니다. 그러고는 물을 떠서 손님들에게 들이도록 했습니다. 문제는 그 물이 포도주로 변했는데, 그냥 포도주가 아니었다는 겁니다. 손님들은 이 상급 포도주가 왜 이제야 나오냐고 반문할 정도로 최고의 포도주였다는 겁니다. 물을 최고급 포도주로 변하게 하신 기적이죠.

우리는 이 사실을 통해, 예수님의 이름을 가진 자에게 임하는 질적 지배 능력을 배울 수 있습니다. 우리도 능력 전도를 통하여 양적 지배 능력뿐만 아닌 질적 지배 능력이 삶 가운데 임하길 간절히 소망합니다.

죽음 지배 능력

다시 본문으로 돌아가 〈마태복음〉 10장 8절을 보겠습니다.

"병든 자를 고치며 죽은 자를 살리며 나병환자를 깨끗하게 하며 귀신을 쫓아내되 너희가 거저 받았으니 거저 주라" 〈마태복음〉 10장 8절

성경에서 보았듯이, 복음을 전하는 자에게는 죽은 자도 살리는 죽음 지

배 능력도 주십니다.

한 교수님이 계셨습니다. 그분은 감리교 목사이자, 행동유형검사인 DISC를 한국에 퍼뜨린 분이기도 합니다. 그분이 한때는 대학, 교회, 방송까지 섭렵할 정도로 부르는 곳이 많았다고 합니다. 그러나 어느 날 갑자기 쓰러졌고, 죽음에 이르기까지 했답니다. 잠깐의 시간이었지만 천국을 경험한 것입니다. 그때 하나님이 이렇게 말씀을 하셨답니다. "○○아, 너는 왜 이렇게 바쁘니? 입으로만 하지 말고 몸으로 실천해라." 교수님은 더 이상 말은 할 수 없었지만, 다시 얻은 생명으로 열심히 몸으로 실천하는 삶을 살았다고 합니다.

말로 열심히 다닐 땐 전도를 못했던 그가, 몸으로 실천했을 때에는 4명을 전도했다고 하니 어떻습니까? 우리의 모습을 돌아보았으면 좋겠습니다. 우리가 진정 말뿐이 아닌 행동으로 주님을 전한다면, 주님은 우리에게 죽은 자도 살리는 권능을 주시리라 생각합니다.

+++

우리는 지금까지 능력 전도를 상세히 살펴보았습니다. 능력 전도, 어렵지 않습니다. 우리 안에 예수님만 온전히 살아 계신다면, 우리의 전도에 동행하여 주시고 성령이 능력을 주실 줄 믿습니다. 쉽지 않은 건, 우리 안에 진실함과 헌신 그리고 뜨거운 열정이 부족해서는 아닐까요? 죽음 지배 능력에서 말한 교수님과 같이 열심히는 다니는데, 말로만 하고 있는 건 아닌지 진지하게 고민해 보면 좋겠습니다.

성경에서 말씀한 대로, 주님은 우리를 부르셨고 우리로 하여금 복음을 전하게 명하셨습니다. 그런 주님이 열두 제자에게 주신 권능을 우리에게는 왜 주지 않겠습니까? 믿음으로 나아가십시오. 그럼, 능력 전도를 할 수 있습니다. 누구나 말입니다. 능력 전도를 통해 우리의 삶이 더욱 풍성해지고, 주님으로 인해 행복한 삶이 되길 바랍니다.

🌱능력 전도에 대해 배웠습니다. 능력 전도를 위해 당신의 다짐을 적어 보십시오. (어떻게 기도하며, 어떻게 전도할지에 대하여 구체적으로 정리하면 실천에 도움이 됩니다.)

Revival and Revival

오늘 말씀을 통해 은혜 받은 것들을 정리해 보십시오. 만약 부흥회에 참석했다면, 설교 노트로 활용해 보십시오.

_____

_____

_____

_____

_____

_____

_____

_____

_____

_____

_____

_____

_____

_____

_____

_____

_____

_____

Change

우리의 야욕으로 만든 꿈은 반드시 우리의 책임이 따른다.
우리의 야욕을 하나님이 주신 비전으로 포장하지 마라.
하나님이 주신 꿈이 있는 사람은 어떤 경우에도 원망과 불평을 하지 않는다.
왜냐하면 하나님이 주신 꿈으로 인해 자신의 모든 것이 변화되었기 때문이다.

R e v i v a l   a n d   R e v i v a l

5

두 개의 꿈과
인생의 변화

〈창세기〉 28장 10~22절

꿈이 있습니까? 꿈에는 크게 두 가지 의미가 있습니다. 국어사전을 보니 다음과 같이 나옵니다. 하나는 '잠자는 동안에 깨어 있을 때와 마찬가지로 여러 가지 사물을 보고 듣는 정신 현상', 또 다른 하나는 '실현하고 싶은 희망이나 이상'을 말합니다.

🌱 당신은 어젯밤, 어떤 꿈을 꾸었습니까?

얼마 전, 꿈을 하나 꿨습니다. 구멍이 하나 있는데, 그곳에서 공이 하나씩 나오는 것입니다. 그리고 그 공에는 선명하게 숫자가 적혀 있는 겁니다. 그래서 인터넷 들어가서 로또 당첨 번호를 확인했습니다. 단한 개의 숫자만 맞췄더군요. 일명 개꿈이라고 하죠.

이건 첫 번째 의미의 꿈입니다. 〈창세기〉 28장에는 야곱이란 사람이 등장하는데, 하나님의 사자가 나옵니다. 꿈을 꾸었는데, 그곳에는 또 다른 의미의 꿈이 있습니다. 야곱을 통해 두 번째 의미의 꿈에 대해 살펴보 겠습니다.

자기가 만든 꿈

저에게는 이런 개꿈이 아닌 진짜 꿈이 있었습니다. 가장 먼저 꾼 꿈은 바로 개그맨이 되는 것입니다. 그래서 어려서부터 사람들을 웃기는 연습을 많이 했습니다. 결국은 개그맨이 못되었죠. 이후에 다시 꾼 꿈은 바로 트로트 가수입니다. 수많은 트로트를 외우고 불렀습니다. 흘러간 노래 200여곡은 메들리로 부를 수 있을 만큼 외웠으니, 정말 대단하지 않습니까?

몇 해 전에는 그 유명한 〈슈퍼스타K〉에도 지원했습니다. 이승철의 노래를 불렀는데, 그만 예선에서 떨어졌습니다. 그 이유는 제가 이력을 너무 화려하게 적어서였습니다. 보잘것없는 사람이 꿈을 향해 다 포기하고 도전했어야 감동이 되는데, 전 그것도 모르고 너무 거창한 이력을 적었던 것입니다. 심사위원들이 한참 기대하는데, 실력은 그 기대치가 안 되니 당연히 떨어진 거죠. 트로트 가수는 어릴 적 꿈이었고, 사실 〈슈퍼스타K〉에 지원했던 이유는 단 하나였습니다. 〈슈퍼스타K〉의 티셔츠를 입고 설교하면 어린이나 청소년들이 한 번 더 봐 주고 설교에 집중할 것 같아서 말입니다. 그런데도 떨어졌으니 어쩔 수 없는 거죠.

저의 어머니가 누명을 써서 교도소에 들어가신 적이 있습니다. 홀로 저를 힘들게 키우신 분이었는데, 억울하게 감옥에 가니 저는 어찌합니까? 홀로 남겨져 춥고 외롭게 지낼 수밖에 없었습니다. 결국 저는 자폐증이 되었고, 점점 죽어가는 인생처럼 초라하게 변했죠. 교회도 등지게 되었고요. 그때 저의 머릿속에는 법관이 되고 싶었습니다. '내가 반드시 법조계에 들어가서 억울하게 옥살이하는 사람들을 도와줘야지!' 그래서 그때부터 외우는 걸 잘했나 봅니다. 지금도 성경 구절을 2천여 정도 외우고 있으니 말입니다.

지금의 저는 어떤 사람입니까? 개그맨도, 트로트 가수도, 법관도 되지 못했습니다. 이 꿈을 우리는 '내가 만든 꿈'이라고 합니다. 그런데 이렇게 '내가 만든 꿈'조차 없는 사람들이 무려 72%나 된다고 합니다. 100명 중 72명은 자기가 만든 꿈도 없이 이 세상을 살아가는 겁니다. 자신의 인생에 대해 무책임한 삶을 살아가는 사람들인 것이죠. 왜냐하면 자기가 만든 꿈은 자기가 책임을 지는 것인데, 그 조차도 안 하는 사람들이니까 말입니다.

🌱 어릴 적, 또는 지금 당신은 어떤 꿈이 있습니까?

_____

하나님이 주신 꿈

　본문을 보면, 야곱이라는 사람이 등장합니다. 그는 야욕(野慾)이 큰 사람이었습니다. 사실 야곱은 태어나면서부터 공교롭게도 쌍둥이로 태어나 형의 발꿈치를 잡고 나왔습니다. 그래서 이름하야 야곱, 즉 딴죽 건 자, 발을 걸어 넘어뜨리게 하는 자, 속이는 자라는 뜻을 가지게 되었습니다.

　성인이 되던 어느 날, 그의 속에 있던 야욕(野慾)이 서서히 밖으로 꿈틀되기 시작했습니다. '내가 장자가 되지 말라는 이유가 있나?' 때마침 형이 사냥터에서 돌아와 배고픔을 호소했습니다. 우리가 너무나 잘 아는 팥죽 사건이 이때 발생됩니다. 야곱은 형 에서에게 팥죽 한 그릇으로 장자권을 삽니다.

　얼마 뒤, 아버지 이삭이 에서에게 하는 이야기를 어머니가 듣습니다. 그러고는 에서 대신 야곱을 분장시키고, 별식을 만들어 아버지 이삭에게 들여보냅니다. 눈이 어두운 이삭은 그것도 모른 채, 에서로 분장한 야곱의 별식을 맛있게 먹은 후 축복을 합니다.

"그가 가까이 가서 그에게 입맞추니 아버지가 그의 옷의 향취를 맡고 그에게 축복하여 이르되 내 아들의 향취는 여호와께서 복 주신 밭의 향취로다 하나님은 하늘의 이슬과 땅의 기름짐이며 풍성한 곡식과 포도주를 네게 주시기를 원하노라 만민이 너를 섬기고 열국이 네게 굴복하리니 네가 형제들의 주가 되고 네 어머니의 아들들이 네게 굴복하며 너를 저주하는 자는 저주를 받고 너를 축복하는 자는 복을 받기를 원하노라" 〈창세기〉 27장 27~29절

야곱은 장자권을 빼앗고, 축복권까지 빼앗았습니다. 이 모든 건 누가 책임을 져야 합니까? 자신의 야욕으로 벌어진 일, 바로 자신이 책임져야 합니다. 화가 난 에서를 피해, 죽음을 피해 야곱은 도망자의 삶을 살게 됩니다. 다만, 그에게는 하나님을 믿는 믿음과 신앙이 있었습니다.

🌱 당신은 인생 가운데 야곱과 같은 경험을 해 본 적이 있습니까?(예를 들어, 누군가의 것을 빼앗거나 도망자가 되었던 때)

_____

_____

_____

_____

야욕으로 인해 도망자 신세가 된 야곱, 그러나 그는 믿음으로 자신의 삶을 역전시켰습니다. 야곱은 자신이 살던 곳으로부터 하루를 걸려 '루스'라는 곳에 도착하여 돌베개를 베고 지친 몸을 잠시 누였습니다. 그러고는 하나님이 주신 꿈을 꿉니다. 하나님의 임재가 야곱에게 있었던 겁니다.

"꿈에 본즉 사닥다리가 땅 위에 서 있는데 그 꼭대기가 하늘에 닿았고 또 본즉 하나님의 사자들이 그 위에서 오르락내리락 하고 또 본즉 여호와께서 그 위에 서서 이르시되 나는 여호와니 너의 조부 아브라함의 하나님이요 이삭의 하나님이라" 〈창세기〉 28장 12~13절

하나님은 꿈을 통해 믿는 자에게 임재하시고, 임재 가운데는 반드시 메시지를 갖고 오십니다. 그런데 야곱의 상황은 어떤 상황입니까? 도망자의 모습입니다. 형 에서의 장자권과 축복권을 속임수로 빼앗아 죽음을 피해 정처 없이 도망치는 야곱입니다. 그런 야곱에서 하나님은 꿈을 통해 임재하셨고, 뿐만 아니라 하나님의 비전을 약속하셨던 겁니다.

> "네가 누워 있는 땅을 내가 너와 네 자손에게 주리니 네 자손이 땅의 티끌 같이 되어 네가 서쪽과 동쪽과 북쪽과 남쪽으로 퍼져나갈지며 땅의 모든 족속이 너와 네 자손으로 말미암아 복을 받으리라 내가 너와 함께 있어 네가 어디로 가든지 너를 지키며 너를 이끌어 이 땅으로 돌아오게 할지라 내가 네게 허락한 것을 다 이루기까지 너를 떠나지 아니하리라 하신지라" 〈창세기〉 28장 13~15절

🌱 하나님의 임재를 경험한 적이 있습니까? 그때 받은 메시지는 무엇입니까?

_____

_____

한 가지 의문이 생깁니다. 야곱은 현재 죽음을 피해 정신없이 떠도는 도망자입니다. 그런데 하나님은 그에게 임재하셔서 땅을 주고 자손을 주며 후손으로 인하여 모든 민족이 복을 받게 될 것이라고 축복합니다. 만약 우리였다면, 이 말씀을 믿을 수 있겠습니까? 그럼에도 하나님의 말씀을 믿음으로 받으면 우리의 축복이 되는 줄 확신합니다.

기독교인과 비기독교인의 차이가 무엇인지 압니까? 바로 마음의 차이입니다. 마음은 엄청난 생명체 바이러스를 가지고 있는데, 그것이 바로 '믿음'이라는 것입니다. 믿음은 귀신도 떠나가고, 죽은 자도 살아나는 역사가 있습니다.

앞장에서 나눈 것과 같이, 성령님이 불가능을 가능하게 합니다. 또 자기가 만든 꿈은 자기가 책임져야 하지만, 하나님이 주신 꿈은 하나님이 책임져 주십니다. 하나님이 주신 꿈을 갖는 순간, 우리에게는 변화가 나타납니다. 그 변화를 5가지로 나눠서 살펴보겠습니다.

존재(신분)의 변화

야곱은 자기가 만든 꿈을 지녔을 때 실패했습니다. 그리고 혼자 남아서 도망가게 되었습니다. 그런데 루스에서 하나님이 주신 꿈을 발견하고 그의 신분이 변하게 됩니다.

〈창세기〉 29장을 보면, 꿈을 통해 하나님과 함께한 야곱은 한 우물에 도착합니다. 그리고 그 우물에서 제일 먼저 라헬을 만나게 됩니다. 라헬은 라반의 딸이요, 이후에 야곱의 아내가 됩니다. 야곱은 하나님이 주신 꿈 이후에 엄청난 변화를 경험하게 됩니다.

도망자 신분에서 라반의 집에 정착하는 삶, 라반의 딸을 아내로 얻어 자손을 얻는 삶이 됩니다. 결국 그는 4명의 아내와 12명의 자녀, 고센 땅으로 이주할 때에는 무려 70~75명이나 되는 식솔을 이끄는 역사가 일어납니다.

하나님이 주신 꿈은 하나님이 책임지십니다. 하나님과 함께하면 그다음엔 사람이 함께하고, 사람이 함께하면 엄청난 꿈이 성취됩니다. 하나님은 사람을 통해 일하시기 때문입니다. 목회자도 마찬가지입니다.

목회를 할 때, 사람이 없으면 참으로 외롭습니다. 그럼에도 때로는 사람이기에 미운 사람도 있습니다. 하지만 하나님은 그런 사람까지도 우리에게 함께하게 하신 이유가 있습니다. 하나님이 주신 꿈을 이루기 위해 말입니다.

시각의 변화

야곱은 꿈을 통해 하나님을 만나 하나님이 주신 꿈을 가진 뒤 시각이 변화되었습니다.

"야곱이 아침에 일찍이 일어나 베개로 삼았던 돌을 가져다가 기둥으로 세우고 그 위에 기름을 붓고" 〈창세기〉 28장 18절

　자신이 베었던 돌을 가져다 기둥을 세우고, 그곳을 '벧엘'이라 하였습니다. 벧엘은 무슨 뜻입니까? '하나님의 집'이란 뜻입니다. 자신이 베었던 돌이 기둥이 되고, 그곳은 하나님이 거하시는 성전으로 변했던 것입니다. 돌이 돌베게가 되고, 돌베게가 돌기둥으로 변한 것입니다.

　살아가면서 모든 사람이 다 좋고, 나와 잘 맞을 수는 없습니다. 하지만 하나님이 각 개인마다 은사를 주셨습니다. 하나님이 주신 꿈이 있습니까? 시각이 변화되길 기도하십시오.

　직장이나 교회에서 나와 잘 맞지 않는 사람의 은사가 보여 좋은 동역자가 될 수 있게 해 달라고 간구하십시오. 하나님이 주신 꿈을 간직한 믿음의 사람에게 일어나는 만남에 그냥은 없습니다.

🌱 야곱과 같이 시각이 변화되었던 경험이 있습니까? 구체적으로 적어 보십시오

_____

_____

_____

_____

_____

_____

표현의 변화

야곱은 하나님이 주신 꿈을 통해 표현이 변화되었습니다. 자신의 야욕으로 인해 도망자가 된 야곱은 루스라는 곳에 도착했습니다. 그가 하나님이 주신 꿈을 꾸기까지 그곳은 루스에 불과했습니다. 그런데 하나님이 주신 꿈을 꾼 후에 그에게 루스는 벧엘이 되었습니다. 하나님의 집이 된 것입니다.

"그 곳 이름을 벧엘이라 하였더라 이 성의 옛 이름은 루스더라" 〈창세기〉 28장 19절

우리는 쉽게 "안 된다, 절망적이야!"라는 말을 합니다. 하나님이 주신 꿈을 가진 자라면, 이런 부정적인 언어의 표현도 바뀌게 될 것입니다. 습관적으로 나오는 극단적인 단어들도 소망의 언어, 따뜻한 언어로 바뀌게 될 것입니다. 그런 변화가 우리 모두의 삶 가운데 있으면 좋겠습니다.

"너희 말을 항상 은혜 가운데서 소금으로 맛을 냄과 같이 하라 그리하면 각 사람에게 마땅히 대답할 것을 알리라" 〈골로새서〉 4장 6절

🌱 당신의 삶 가운데 부정의 언어가 긍정의 언어로 변화되었던 경험이 있습니까? 구체적인 표현을 적어 보십시오.

용도의 변화

〈창세기〉 28장 18절을 보니, 도망자 야곱에게는 기름 한 병이 있었습니다. 도망자였던 야곱에게 기름 한 병은 노잣돈이었습니다. 귀한 노잣돈이 어떻게 변했나요? 자신이 베고 자던 돌을 기둥으로 세우고 그곳에 아낌없이 부었습니다. 하나님에게 드린 제물로 변했던 겁니다. 참으로 놀랍지 않습니까?

인간적인 생각으로는 노잣돈을 한꺼번에 부을 수는 없습니다. 하지만 하나님이 주신 꿈을 가진 야곱은 자신의 눈이 변하며, 노잣돈도 전부 하나님에게 드리는 제물이 되었던 겁니다. 억지로가 아닌 기쁨으로 자원하여 드리는 제물 말입니다.

🌱 큰 은혜를 받은 것에 감사하여 자신의 모든 것, 또는 소중한 것을 주님에게 드린 경험이 있습니까?

_____

_____

_____

_____

_____

_____

_____

대안의 변화

마지막으로, 도망자 야곱에게 하나님이 주신 꿈 이후에 바뀐 것이 있습니다. 바로 '대안'입니다. 자기가 가진 꿈이 있었을 때 야곱은 도망자가 되었고, 지쳐서 잠을 청하게 되었습니다. 도망자의 대안은 지친 몸을 쉴 수 있는 잠뿐이었습니다. 하지만 야곱은 하나님이 주신 꿈을 가진 후, 벌떡 일어나 예배를 드렸습니다. 하나님 앞에 서원하고 예배를 드린 겁니다.

힘들고 어려울 때, 우리의 대안은 기도와 예배입니다. 세상 사람들과 마찬가지로 술을 한 잔 나누며 넋두리하는 인생이 되어선 안 됩니다. 누군가와 더불어 기도할 수 있다면, 이보다 더 좋은 대안은 없습니다.

🌱 힘들 때 당신과 함께 기도한 사람이 있습니까? 또는 다른 사람이 힘들 때 함께 기도해 준 경험이 있습니까? 어떤 기도였습니까?

✤✤✤

기억하십시오! 우리의 야욕으로 만든 꿈은 반드시 우리의 책임이 따릅니다. 우리의 야욕을 하나님이 주신 비전이라 포장하지 마십시오. 하나님에게 원망을 돌려서도 안 됩니다. 하나님이 주신 꿈이 있는 사람은 어떤 경우에도 원망과 불평을 하지 않습니다. 왜냐하면 하나님이 주신 꿈으로 인해 자신의 모든 것이 변화되었기 때문입니다. 하나님이 주신 꿈은 하나님이 책임지신다는 믿음이 있습니다.

우리는 야곱을 통해 다섯 가지의 변화를 살펴보았습니다. 하나님이 주신 꿈이 있다면, 변화를 경험하실 겁니다. 이 변화, 순간으로 끝나지 않게 늘 믿음으로 기도하는 우리가 되길 소망합니다.

Revival and Revival

오늘 말씀을 통해 은혜 받은 것들을 정리해 보십시오. 만약 부흥회에 참석했다면, 설교 노트로 활용해 보십시오.

_____

_____

_____

_____

_____

_____

_____

_____

_____

_____

_____

_____

_____

_____

_____

Church

교회는 잔칫집과 같으면 부흥한다. 잔칫집에서 중요한 것은 무엇인가?
바로 분위기다. 이 분위기는 누가 만드는가?
주인도, 하인도, 손님도, 신랑과 신부도 아니다.
참석한 모든 사람들이 하나 되어 기쁘고 행복해야 잔칫집 분위기를 만들 수 있다.

잔칫집 같은
교회를 만들라

〈요한복음〉2장 1~11절

교회의 최소 단위가 무엇인지 압니까? 〈고린도전서〉3장에서도 언급이 되지만, 한스 큉이라는 교회 학자는 명료하게 '몸'으로 표현했습니다. 즉 '나'라는 개개인이 만나서 교회가 되었으니 교회를 가리켜 '우리'라고 할 수 있겠죠.

> "너희는 너희가 하나님의 성전인 것과 하나님의 성령이 너희 안에 계시는 것을
> 알지 못하느냐 누구든지 하나님의 성전을 더럽히면 하나님이 그 사람을 멸하시
> 리라 하나님의 성전은 거룩하니 너희도 그러하니라" 〈고린도전서〉3장 16~17절

또 〈고린도전서〉 12장을 보면, 교회를 가리켜 '그리스도의 몸'과 같다고 합니다. 건물이 아닌 인격체인 몸으로 교회를 비유한 것입니다. 이는 유기적 생명체인 것입니다.

> "몸은 하나인데 많은 지체가 있고 몸의 지체가 많으나 한 몸임과 같이 그리스도도 그러하니라" 〈고린도전서〉 12장 12절

개개인의 '나'가 모여서 '우리'가 되고, '우리'가 모여 거대한 교회(몸)가 이뤄지는 것입니다. 때문에 교회가 잘 되면 내가 잘 되고, 우리 교회가 잘 되면 나라도 잘 되는 줄 믿습니다.

🌱 당신이 생각하는 교회의 정의를 솔직하게 적어 보십시오

_____

_____

한 가지 더 생각해 보겠습니다! 교회를 통해 인류를 구원해야겠다고 계획을 세우신 분이 있습니다. 바로 성부 하나님입니다. 그리고 이 엄청난 계획을 몸소 피 흘려 완성하신 분이 있습니다. 성부 하나님의 아들 성자 하나님입니다. 마지막으로, 계획과 완성 후에 이를 운영하고 경영하는 분이 있습니다. 성령 하나님입니다. 성부, 성자, 성령을 가리켜 우리는 삼위일체 하나님이라고 합니다. 이 삼위일체 하나님은 모든 관심사가 교회

에 있습니다. 때문에 교회가 잘 되면 교회의 지체인 우리 개개인이 잘 될 수밖에 없는 것입니다.

🌱 삼위일체 하나님을 당신의 말로 정리해 보십시오

_____

_____

저는 8년 동안 한 교회를 아주 열심히 다닌 적이 있습니다. 제가 등록할 당시만 해도 그 교회는 150명 정도가 모였습니다. 그런데 8년 후에는 단 4명만 남게 되었지요. 이유는 목사님 설교가 너무 아파서였습니다. 일주일 동안 세상에서 이미 지치고 힘든 상태로 교회에 왔는데, 목사님이 매주 치는 설교를 하니 성도들이 하나둘씩 다른 교회로 옮기게 된 겁니다. 물론 저도 치는 설교가 아팠습니다. 하지만 아버지가 늘 하시던 말씀이 있었죠. "홍양아, 너는 어떤 일이 있어도 교회를 해하지 말아라. 교회를 잘 되게 하고, 해하는 것은 하지 말아라." 그래서 저는 4명 중 한 사람이 되었던 겁니다. 6월의 어느 날, 목사님이 부르셨어요. 그러고는 집사, 주일학교 부장, 재정부까지 맡기셨습니다. 집사와 부장은 하겠는데, 재정부는 정말 부담이 되더라고요. 당시 저는 은행에 다니기 시작한 초기여서 월급이 많지 않았습니다. 목사님 사례금이 30만 원인데, 제가 드리는 십의 십조는 불과 16만 8천 원이었던 겁니다. 그래서 은행 숙직까지 도맡아 하며, 매일 6천 원씩을 더

받았습니다. 한 달을 하니 15만 원이 되더군요. 결국 저는 헌금을 31만 8천 원씩 했고, 헌금 계수를 한 직후 목사님 사례금 30만 원을 드렸습니다. 몇 달 후, 목사님이 부르셔서 교회를 떠나도 괜찮다고 하는 겁니다. 그러고는 저에게 축복기도를 해 주셨습니다. 8년 만에 목사님이 눈물을 흘리는 건 처음 봤답니다. 이렇게 저는 8년을 다닌 교회를 떠나 어머니가 다니는 교회에 함께 가게 되었습니다. 그런데 훈련이 참 중요합니다. 목사님이 인자하게 칭찬하고 축복만 하니 오히려 적응이 안 되더군요. 결국 저는 8년간 다닌 교회에 돌아갔는데, 그만 교회가 폐쇄된 겁니다. 저는 울면서 그 자리에 무릎을 꿇었습니다. 그리고 기도했습니다. "주님, 제가 한 교회의 문을 닫게 했습니다. 제가 나오는 게 아니었는데 말입니다. 잘못했습니다. 주님! 제가 죽기 전에 120개의 교회를 개척하게 하소서."

저는 목회자가 되고 개척한 후, 지금까지 1년에 한 교회씩 개척하여 현재 총 7개의 개척을 이뤘습니다. 제가 담임목사로서 부목사님들에게 단하나의 이야기만 합니다. "나와 함께 사역을 하면서 5~7년을 훈련하면 목사님이 원하는 교인을 다 데리고 나가도 좋아요. 단 12가정이 넘지 않도록 하는 것이 좋을 것 같아요. 12가정 범위 안에서는 목사님이 원하는 가정을 모두 분립해 개척할 수 있도록 할게요."

"한 교회를 개척하라! 한 나라를 선교하라! 한 주의 종을 키워라!" 이것이 우리 모두의 슬로건이 되길 소망합니다. 우리가 이 세상을 떠나기 전, 한 교회의 개척을 돕는 건 참으로 의미 있고 중요한 일입니다. 그렇다면 세운 교회, 섬기는 교회를 어떻게 부흥시킬 수 있을까요?

_____

_____

_____

_____

분위기를 살려라

본문은 우리가 잘 아는 예수님의 첫 기적, 가나의 혼인잔치입니다. 예수님과 어머니는 혼인잔치에 초대를 받았습니다. 그런데 잔칫집에 포도주가 떨어진 겁니다. 예수님의 어머니가 걱정을 합니다. 그리고 예수님을 불러서 말씀합니다. "예수야, 포도주가 떨어졌구나." 이에 예수님은 어머니에게 말씀합니다. "어머니, 이 일은 나와 상관없습니다. 아직은 저의 때가 이르지 않았습니다." 그럼에도 어머니는 하인들에게 예수님이 시키는 대로 하라며 떠나갑니다. 이에 예수님은 어머니의 말씀에 순종하여 물이 포도주가 되는 기적을 행합니다.

교회는 잔칫집과 같으면 부흥합니다! 그럼, 잔칫집에서 중요한 것은 무엇입니까? 당시에는 포도주가 중요했고, 오늘날과 같이 음식도 중요했을 겁니다. 그런데 그중에서도 우리가 중요하게 보아야 할 것이 있습니다. 바로 분위기입니다. 교회는 잔칫집 같으면 부흥하고, 초상집 같으면 안 됩니다. 이 분위기는 누가 만드는 겁니까? 주인도, 하인도, 손님도, 신랑·신부도 아닙니다. 참석한 모든 사람이 하나 되어 기쁘고 행복해야 잔칫집의 분위기를 만들 수 있습니다. 즉 교회도 이와 같아야 합니다. 단 한 사람이라도 초상집과 같은 모습과 표정, 행동을 한다면 그 교회는 잘 될 수가 없습니다. 한 사람이라도 분위기를 깨면 잔치는 끝나게 됩니다.

　우리는 어떤 모습입니까? 교회에서 분위기를 깨는 사람은 아닌지 돌아보면 좋겠습니다. 그리고 혹여나 그렇다면, 정말 주님에게 회개해야 합니다. 세상에서 힘들고 어려운 일을 당했더라도 교회에 들어서는 순간 해와 같이 환한 얼굴로 성도의 교제가 있길 바랍니다.

🌱 잔칫집 같은 분위기의 교회, 어떻게 하면 만들 수 있을까요? 당신이 스스로 실천 가능한 행동지침을 적어 보십시오

_____

_____

_____

성령 충만하라

　그리스도의 몸 된 교회가 부흥하려면 성령이 충만해야 합니다. 간단하게 테스트를 해 보겠습니다. 아래의 문항에 해당하면 ✔를 표시하십시오.

□ 나는 찬송가를 부를 때, 항상 힘차게 부른다.

□ 나는 점점 기도 소리가 커지고, 시간도 길어진다.

□ 나는 목사님을 만나면 너무 반가워 달려간다.

□ 나는 항상 앞에서 5번째 줄 안에 앉는다.

□ 나는 주일 외에도 주중에 성도들과 교제하길 즐겨 한다.

□ 나는 교회의 모든 일에 앞장서고, 선두에 서서 일한다.

6문항 모두 ✔를 하셨다면, 성령이 충만한 분입니다. 그러나 만약 단 1 문항도 관계가 없다면, 심각하게 고려해야 할 것입니다. 신앙 생활을 점검하고, 무엇이 문제인지 빨리 파악하여 주님에게 매달려야 할 것입니다. 그럼, 한 문항씩 다시 살펴보겠습니다.

성령이 떨어지는 현상①

간혹 오래된 성도들 중에 찬송가 가사를 틀리거나 바꿔서 부르는 경우가 있습니다. 또한 작게 부르거나 팔짱을 끼고 앉아서 눈을 감고 감상하는 경우도 있습니다. 이런 분들은 성령이 떨어진 상태입니다. 때론 이런 경우가 반복될 때가 있습니다. 구역예배 시, "오늘은 찬송가 OOO장 1절만 부르겠습니다."라고 말입니다. 이때에는 교회에 구역장을 바꿔 달라고 요청하셔야 합니다. 왜냐하면 성령이 떨어졌기에 찬송이 귀찮아지고 싫어진 상태입니다. 구역장의 상태가 그러하면 구역원들도 곧 동일한 상태에 이르기 때문입니다. 성령이 충만한 사람은 언제나 찬송이 기쁘고 즐겁습니다. 부르고 또 불러도 계속 흥얼대는 것이 성령 충만한 모습입니다.

성령이 떨어지는 현상②

요즘 들어 기도가 짧아집니까? 엎드려 간구하길 바랍니다. 성령이 떨어지면 기도가 짧아지고, 기도 소리도 작아집니다. 성령이 충만하면 나의 형편만이 아닌 목회자와 성도들의 형편도 알게 됩니다. 그래서 기도할 때 생각이 나고 그로 인해 기도는 길어질 수밖에 없는 것입니다. 성령이 충만하여 하나님과 대화하는 시간이 항상 짧게 느껴지는 우리가 되길 소망합니다.

성령이 떨어지는 현상③

목회자들을 피하게 됩니다. 교회에서 자세히 관찰해 보십시오. 교회에는 크게 극과극을 달리는 두 부류의 성도가 있습니다. 저 멀리 목회자와 비슷한 사람만 만나도 달려가는 사람, 바로 코앞에서 만나도 다른 사람 뒤로 숨어 고개 숙이고 가는 사람입니다. 성령이 충만하면 목회자가 좋고 항상 반갑습니다.

성령이 떨어지는 현상④

성령이 고갈되면, 교회에 오기는 하나 최대한 뒷줄에 앉습니다. 아니면 기둥 뒤에 앉아서 스크린으로 예배를 드립니다. 그러고는 시계를 무한 반복으로 보면서 예배가 끝나길 손꼽아 기다립니다.

성령이 떨어지는 현상⑤

교회는 성도가 교제하는 곳입니다. 그런데 성도들과 만나는 게 너무 싫습니다. 서로 안부를 묻는 것조차 귀찮습니다. 때문에 최대한 성도들의 눈을 피해 다닙니다. 또는 일부러 서로 알 길이 없는 대형교회를 찾아다 닙니다. 분명 말하지만 신앙 생활은 혼자서 할 수 없습니다.

성령이 떨어지는 현상⑥

교회에서 어떠한 일을 계획하고 진행할 때마다 항상 반대 의견을 제시합니다. 예를 들어, 전 교인 체육대회를 하는데 이런 생각을 해 본 적이 있습니까? '얼굴 타고 먼지 뒤집어 쓰게 왠 체육대회?' 또는 '도시락 준비하기도 귀찮은데, 왜 이런 것을 하는거지? 교회가 예배만 드리면 되는 거 아닌가?'라고 말입니다.

극단적인 예시들을 했지만, 아마도 읽으면서 나름대로의 감이 오셨을 겁니다. 성령이 충만합니까? 성령이 떠나가지 않도록 계속해서 간구하십시오! 혹여나 성령이 떠나갔습니까? 성령이 다시금 내 안에 오셔서 충만해지길 간구하십시오! 이것은 아주 중요한 문제이고, 개인의 문제가 아닌 교회의 문제입니다.

🌱 당신은 성령이 충만합니까? 혹여나 그렇지 않다면, 성령 충만을 위해 간절히 기도하십시오

_____

_____

_____

예수님만 바라보라

신앙 생활을 하면서 이런 이야기를 많이 들어보셨을 겁니다. "예수님을 바라보면 은혜가 되고, 사람을 바라보면 시험에 든다." 사실 교회에 나오는 이유가 뭡니까? 하나님에게 예배하고 찬양하며 영광 돌리기 위함이 아닙니까? 하지만 여전히 사람을 바라보며 시험에 들어 교회를 떠나거나 비판하는 사람이 참 많습니다.

> "믿음의 주요 또 온전하게 하시는 이인 예수를 바라보자 그는 그 앞에 있는 기쁨을 위하여 십자가를 참으사 부끄러움을 개의치 아니하시더니 하나님 보좌 우편에 앉으셨느니라" 〈히브리서〉 12장 2절

예수님은 십자가를 참으사 부끄러움을 개의치 않으셨습니다. 그런 주님을 바라보며 신앙 생활에 흔들림이 없는 우리가 되길 소망합니다.

보통 저는 주일 저녁부터 수요일 저녁까지 다른 교회에 가서 부흥회를 인도합니다. 수요일 저녁에 끝나면 피곤해도 차를 끌고 집으로 돌아가는데, 정말 사고도 많이 나고 졸음운전도 하여 위험한 상황을 많이 겪습니다. 그럼에도 제가 집으로 돌아가는 것은, 목요일부터는 본교회 사역에 집중하기 위해서입니다. 그러나 사람인지라, 목요일 새벽예배는 자주 빠질 때가 있습니다. 집사님 한 분이 계셨어요. 그분은 제가 목요일 새벽예배에 빠지는 것을 세셨답니다. 목사도 시험에 듭니다. 또 이런 경우도 있습니다. 구두를 멋지게 닦고 왔더니, 우리 목

사님 제비 같다고 합니다. 그래서 구두에 신경을 안 썼습니다. 그러면 이번엔 지저분하다고 말합니다. 한번은 머리에 젤을 바르고 샤프하게 넘기니, 조폭 같다는 겁니다. 그래서 젤을 안 발랐어요. 뭐라고 했겠습니까? 목사님 게으르다고 합니다.

예수님만 바라보며 신앙 생활 하는 우리가 되길 바랍니다.

🌱 시험에 들었던 경험이 있습니까? 어떻게 극복했습니까?

순도 있는 순종을 하라

예수님의 기적을 누가 도왔습니까? 바로 하인입니다. 본문을 보면, 하인은 참으로 예수님에게 100%의 순종을 했습니다.

"예수께서 그들에게 이르시되 항아리에 물을 채우라 하신즉 아귀까지 채우니"
〈요한복음〉 2장 7절

예수님은 그저 항아리에 물을 채우라고 했습니다. 때문에 잔치가 거의 끝나가는 상황에서 하인들은 항아리의 물을 조금만 채워도 되었습니다. 아니, 모든 항아리에는 채우지 않아도 됩니다. 하지만 하인들은 예수님의 명령에 100%의 순종을 하였습니다. 물을 항아리의 아귀까지 채운 것입니다.

십일조를 드릴 때 온전한 십일조가 아닌데, 어떻게 그 사람의 축복의 문이 열릴 수 있겠습니까? 성전을 청소하는데, 적당히 하고 갔을 때 그는 봉사의 순도가 떨어지는 겁니다. 간절히 바라기는 순종의 순도를 높이는 우리가 되길 바랍니다.

저는 교회 창립기념 주일이 되면, 목회에 큰 도움을 주신 분을 한 명 뽑아서 개인적으로 선물을 드립니다. 때문에 누가 받았는지 성도들도 서로 잘 모릅니다. 한번은 제가 과로로 쓰러져 8일동안 깨어나지 못했던 때가 있습니다. 그리고 가까스로 회복하여 퇴원을 했지요. 그때 전 7개의 병을 얻었습니다. 그런데 퇴원하고 건강이 좋아지기까지 한 권사님이 나물 반찬 18가지를 매일 준비하여 목양실로 오시는 거예요. 정말 저는 몸에 좋은 나물을 먹고 건강을 빨리 회복할 수 있었습니다. 그래서 그 해의 창립기념 주일에는 그분께 선물을 드리기로 했습니다. 근데 금값이 참 많이 올랐더군요. 십자가 펜던트 목걸이를 24K로 하려니 무려 250만 원이 나오는 겁니다. 할 수 없이 십자가만 순금으로 줄은 14K로 해서 권사님을 만났습니다. 그런데 선물을 본 권사님은 실망감이 가득했어요. 그분은 이 선물을 교회 건축 시에 건축 헌금을 하려고 했는데, 14K는 돈이 얼마 안 되었던 겁니다. 24K 순금은 큰 돈이 되는데 말입니다.

우리의 순종도 순도 100%가 되길 바랍니다. 14K, 18K는 금 중에서도 값어치가 적습니다. 우리의 순종도 대충대충 하지 맙시다. 24K의 신앙생활을 하는 우리가 됩시다.

🌱 당신의 순종에 대한 순도는 몇 %라고 생각합니까?

_____

_____

_____

_____

_____

_____

초대하고 초청하라

가나의 혼인잔치에 누가 많았습니까? 손님이 많이 왔습니다. 그것은 주인이 초청을 많이 했기 때문입니다. 때문에 포도주가 모자랐던 것입니다. 우리도 이와 같이 이웃을 초청하길 바랍니다. 예수님을 모르고, 믿지 않는 사람들에게 초청을 많이 하여 교회의 천국 잔치가 항상 풍성히 열릴 수 있게 되길 소망합니다.

🌱 올해 당신이 교회에 초청하고 초대하길 원하는 사람들의 이름을 적어 보십시오.

_____

_____

기적을 기대하라

가나의 혼인잔치가 성경에 기록된 이유를 알고 있습니까? 가나에도 많은 집과 가정이 있었습니다. 때마다 혼인잔치가 열리는 집도 많았을 겁니다. 그럼에도 이 집이 성경에 기록된 것은 바로 기적이 일어났기 때문입니다.

우리나라에도 수많은 교회가 있습니다. 이 수많은 교회 각자에 기적이 일어나길 소망합니다. 그때 하나님의 영광이 나타나고, 사람들이 소문을 듣고 몰려와 주님에게 찬양하게 될 줄 믿습니다.

+++

　가나의 혼인잔치를 통해, 한국의 모든 교회가 이와 같은 곳이 되길 바랍니다. 잔칫집과 같은 분위기, 성령이 충만한 교회, 예수님만 바라보는 교회, 100% 순도의 순종을 하는 교회, 초대하고 초청하는 교회, 기적을 기대하는 교회 말입니다.

　늦지 않았습니다. 지금부터 이를 실천하면 우리 개개인의 교회는 물론, 한국의 모든 교회와 세계 열방이 모두 주님이 기뻐하시는 교회가 될 줄로 믿습니다.

❦ 당신은 소속된 교회를 어떤 교회로 만들어갈지 적고, 당신이 먼저 실천하기를 다짐해 보십시오

Revival and Revival

오늘 말씀을 통해 은혜 받은 것들을 정리해 보십시오. 만약 부흥회에 참석했다면, 설교 노트로 활용해 보십시오.

부흥으로 역전하라

부흥은 '나'로부터 시작된다

Reversal

예수님이 허다한 무리를 제치고 베드로를 찾아가신 이유는,
바로 변화에 가능성이 있었기 때문이다.
예수님은 사람의 겉도 알지만, 속도 잘 아는 분이다.
우리에게도 변화의 가능성이 보이지 않으면 주님은 찾아오지 않으실 거다.

7

역전 인생
VS 반전 인생

〈누가복음〉5장 1~11절

우리가 교회에 다니고, 신앙 생활을 하며, 예수님을 믿는 이유는 무엇입니까? 질문은 다양할 수 있으나, 우리의 답은 동일할 것입니다. 구원받아 영원한 생명을 소유하기 위해라고 말입니다. 우리는 구원받아 영원한 생명을 소유하기 위해 결국 끊임없이 변화에 도전해야 합니다.

> "우리가 다 하나님의 아들을 믿는 것과 아는 일에 하나가 되어 온전한 사람을 이루어 그리스도의 장성한 분량이 충만한 데까지 이르리니" 〈에베소서〉 4장 13절

죄인은 의인이 되기 위하여 다니는 것이며, 의인은 그리스도의 분량에까지 성장하기 위하여 믿는 것입니다. 이 땅에 더 이상 변화가 필요 없을 만큼 완전한 사람은 없습니다. 모든 사람은 원죄와 자범죄, 고범죄로 날마다 때 묻어 갑니다.

저는 아침에 안경을 깨끗하게 닦고 나옵니다. 그러나 점심이 채 되지 않아서 많은 먼지가 쌓입니다. 또 닦습니다. 하지만 역시 저녁 집회가 되기 전에 많은 먼지로 인해 다시 닦아야 합니다.

이처럼 우리가 살아가는 세상은 천국 정류장이 될 수는 있어도 천국, 그 자체는 될 수 없습니다. 이 땅이 하나님이 다스리는 영역의 천국 정류장은 될 수 있지만 종점은 아니어서 깨끗하게 살려고 하나 날마다 더러워지니, 우리는 아직도 변화되어야 할 그런 모습인 것입니다.

🌱 당신이 신앙 생활을 하는 진짜 이유는 무엇입니까?

_____

_____

신앙 생활을 처음 시작하는 사람이 오히려 어린아이와 같이 순수할 때가 있습니다. 오랜 신앙 생활로 성경에 대해 모르는 것이 없으나 말씀만큼 살아가지 못하는 경우도 많습니다. 결국 우리는 날마다 그날의 변화가 필요합니다. 어제보다는 오늘이 낫고, 오늘보다 내일이 나아야 하는 것이 신앙 생활을 목적이요, 목표인 것입니다. 부디, 우리는 날마다 변화하여 성령으로 거듭난 인생이 되길 소망합니다. 그렇다면 어떻게 변화될 수 있을까요?

하나님의 말씀만으로 변화가 가능하다고 생각합니까? 그런데 생각해 보십시오. 우리가 일 년 동안 몇 번의 말씀을 들을까요? 주일 대예배만 참석해도 52번, 저녁예배까지 참석하면 104번, 수요예배까지 참석하면 156번, 금요철야까지 참석하면 208번, 새벽예배를 다 참석하면 560번, 구역예배를 참석하면 630번, 심방을 2~3개 가정을 간다면 800번 이상 말씀을 듣습니다. 얼마나 변화되셨나요? 우리의 머리는 바뀔지 몰라도 우리의 삶은 의외로 변하지 않습니다.

하나님의 말씀에 능력이 없어서가 아닌, 우리의 마음이 너무 강퍅하기 때문입니다. 하나님의 말씀은 천지만물을 창조하고 모든 것을 바꿀만 한 권세와 능력이 있습니다. 그런데 우리의 마음은 그것을 거부할 만큼 완악하고 강퍅하니, 마음의 문제가 아니고서 무엇이 문제겠습니까? 그래서인지 성경은 어린아이와 같은 믿음이 천국을 소유하게 된다고 말씀합니다.

"그 때에 제자들이 예수께 나아와 이르되 천국에서는 누가 크니이까 예수께서 한 어린 아이를 불러 그들 가운데 세우시고 이르시되 진실로 너희에게 이르노니 너희가 돌이켜 어린 아이들과 같이 되지 아니하면 결단코 천국에 들어가지 못하리라" 〈마태복음〉 18장 1~3절

여기서 어린아이와 같다는 것은 무엇을 의미합니까? 어린아이와 같이 순수함, 깨끗함, 청결함, 겸손함을 의미한다기보다는 '권위 앞에 복종한다'로 정의할 수 있습니다. 다시 말해, 권위 앞에 교만 떨지 말고 절대 순

종하라는 말씀입니다. 우리는 조금만 크면, "이 나이에 내가 할까?"라고 자신도 모르게 점점 교만의 절정을 달리게 됩니다. 때문에 하나님의 말씀을 들어도 좀처럼 쉽게 변하지 않습니다.

🐛 당신은 얼마나 오랫동안 신앙 생활을 했습니까? 그 시간 동안 어떤 변화가 있었습니까?

_____

_____

_____

_____

_____

_____

_____

본문을 보면, 무리가 몰려와서 게네사렛 호숫가에서 예수님의 말씀을 들었다고 합니다. 그런데 변화된 사람이 있습니까? 성경 전체를 살펴봐도 예수님의 말씀에 대해 무리가 두렵고 놀랐더라는 말씀은 있어도 변화된 사람은 없습니다. 예수님에게 가면 혹시 병이 나을까, 가르침이 놀라워서 인생에 변화가 생길까 하는 의혹을 가지고 접근을 했는지는 모르겠습니다. 하지만 그럼에도 예수님의 말씀을 듣고 무리가 다 변했다는 말씀은 그 어디에도 없습니다.

"그들이 배들을 육지에 대고 모든 것을 버려 두고 예수를 따르니라" 〈누가복음〉 5장 11절

〈누가복음〉 5장 11절의 말씀을 보니, 예수님을 따랐다고 합니다. 그렇다면 변화한 게 아닙니까? 맞습니다. 그런데 그 전에 좀 더 말씀을 살펴봐야 합니다. 일부 변화된 사람 중 대표적인 인물이 베드로인데, 그는 예수님의 말씀을 듣고 변화된 것이 아닙니다. 결정적인 사건이 하나 있었습니다.

"말씀을 마치시고 시몬에게 이르시되 깊은 데로 가서 그물을 내려 고기를 잡으라 시몬이 대답하여 이르되 선생님 우리들이 밤이 새도록 수고하였으되 잡은 것이 없지마는 말씀에 의지하여 내가 그물을 내리리이다 하고 그렇게 하니 고기를 잡은 것이 심히 많아 그물이 찢어지는지라 이에 다른 배에 있는 동무들에게 손짓하여 와서 도와 달라 하니 그들이 와서 두 배에 채우매 잠기게 되었더라" 〈누가복음〉 5장 4~7절

즉 기적을 체험하고 나서 변화되었다는 겁니다. 초자연적인 역사가 있을 때 비로소 자기의 모든 것을 내려놓을 줄 아는 정도의 인격, 그러니 말씀만으로 변화되는 사람은 진짜 멋진 사람입니다. 매주 말씀을 듣고 변화를 경험하는 사람은 진짜 멋진 사람입니다. 그런데 이렇게 진짜 멋진 사람이 있긴 합니다. 바로 권위를 인정하는 어린아이입니다. 어린아이는 놀랍게도 말씀만 듣고도 변화됩니다.

🌱 당신에게 기적의 체험이 있습니까? 만약 있다면, 상세히 적어 보십시오.

_____

_____

사실 기독교는 말씀의 종교이지, 체험의 종교는 아닙니다. 그러나 이 말씀은 우리의 지성을 변화시킬진 모르지만, 진정한 삶의 변화를 가져오지는 않습니다. 때문에 체험이 필요한 것입니다. 체험은 우리의 신앙 생활에 변화를 가져다주는 중요한 사건입니다. 말씀만으로 변화될 만큼 순수하면 좋겠지만, 그렇지 않다면 하나님이 체험을 주실 때, 그 체험으로 변화하여 최소한 신앙의 양심 의지가 있는 우리가 되길 바랍니다. 다만, 변화는 우리의 주권이 아닌 예수님의 주권적 역사라는 사실을 기억하십시오.

말씀만으로는 도저히 변하지 않는 우리에게 체험이 필요한데, 어떻게 체험이 가능한지에 대해 살펴보려 합니다. 예수님이 베드로를 변화하기 위해 무엇을 했는지를 통해, 우리도 변화의 요소들을 살펴보길 원합니다.

찾아오심
역전 인생 1단계

앞서 말한 대로, 변화의 주권은 오직 주님에게만 있습니다. 변화의 주권이 주님에게만 있다는 것은 무슨 의미입니까? 우리가 주님 앞에 나아가는 것은 변화의 기회를 만들 뿐입니다. 우리가 주님에게 나갔을 때, 주님이 우리를 찾아오셔야만 변화가 시작되는 것입니다. 본문에서도 수많은 무리가 예수님에게 나아왔습니다. 하지만 그중에 변화된 사람은 오직 베드로뿐이었습니다.

우리의 몸에 병이 나서 병원에 갔습니다. 병원에 가기만 한다고 우리의 병이 낫습니까? 의사를 만나고 처방을 받아야만 낫는 것입니다. 이와 마찬가지로, 우리의 인생에 병든 것을 고칠 분은 오직 예수 그리스도밖에 없습니다. 때문에 우리는 교회에 나가는 것만으로는 변화되지 않습니다. 주님을 만나야만 변화가 됩니다.

🌱 당신은 주님을 언제, 어디서, 어떻게 만났습니까? 혹여나 주님을 아직 못 만났다면, 이 시간 간절히 기도해 보십시오. 간절한 자에게 찾아오시는 주님입니다.

_____

_____

_____

_____

_____

원래 저는 명동에 있는 상업은행에서 어음 관련 업무를 담당하는 사람이었습니다. 그런데 어느 날, 제가 월요일 것까지 어음을 돌려야 하는데 토요일에 주일 것까지만 돌리고만 것입니다. 월요일 아침에 출근해보니, 무려 6억 9천7백만 원이 부도나게 생긴 것입니다. 일신철강이라는 회사는 물론, 우리 상업은행도 지점장까지 새파랗게 질려 있는 것입니다. 저는 벌벌 떨면서 하나님에게 기도했습니다. '주님, 오늘 우리 직원들이 어음을 발행한 곳에 찾아가 현찰로 받아와야 합니다. 제발 6억 9천7백만 원이 모두 걷어지게 해 주십시오. 그러면 학생 때 약속했던 주님의 길을 가겠습니다.' 어떻게 되었을까요? 저녁 7시 20분, 놀랍게도 6억 7천7백만 원이 걷어진 것입니다. 나머지 2천만 원은 내가 갚아야겠다고 생각하는데, 내일 오전 중으로 입금이 되기로 한 겁니다. 당시만 해도 전산망이 아닌 수기여서 그다음 날 마감 후 처리라는 것이 있었습니다. 즉 내일 것을 오늘 것으로 하는 기법인 것입니다. 결국 6억 9천7백만 원이 해결된 것입니다. 저는 하나님에게 기도한 대로 사표를 내기 전에 이렇게 기도했습니다. '하나님, 제가 이제 은행 업무를 마치고 저녁에 가서 공부를 하겠습니다. 예비고사까지는 3개월 남았는데, 3개월 안에 서울신학대학교에 들어갈 수 있게 해 주세요. 합격한다면 은행을 그만두고 주님의 길을 가겠고, 혹여나 떨어지면 돈장로가 되겠습니다.' 3개월 후, 저는 서울신학대학교 140명 중 137등으로 합격하였습니다. 들어갈 때의 등수가 뭐 그리 중요하겠습니까? 졸업할 때에는 수석으로 졸업했고, 오늘날까지 목사로 주님의 길을 가고 있습니다. 할렐루야!

하나님의 말씀을 듣고 변화되면 가장 좋습니다. 그러나 그렇게 안 된다면 체험해서라도 변화될 수 있길 바랍니다. 중요한 것은, 우리가 아무리 많이 주님 앞에 나아간다고 해도 주님이 우리를 찾아오셔야만 진정 변화된다는 것을 잊지 마시기 바랍니다.

🌱 말씀을 듣고 심경에 변화가 생긴 경험이 있습니까? 말로만 은혜가 아닌, 정말 말씀으로 뜨거워져 회개하고 간구했던 경험을 적어 보십시오.

_____

_____

_____

_____

　본문을 읽다 보면, 참으로 궁금한 점이 생깁니다. 허다한 무리가 예수님의 말씀을 들으려고 몰렸는데, 왜 예수님은 굳이 허다한 무리 중에서 하필 베드로에게 가셨을까요? 베드로보다 잘난 사람도 있고, 많이 배운 사람도 있으며, 신앙의 법을 잘 지키는 사람도 있었을 텐데 말입니다. 조금 더 쉽게 이야기하면, 우리가 직원을 뽑는다면 가장 중요하게 보는 것이 무엇이겠습니까? 우리의 말에 순종하고 말을 잘 듣게 생긴 직원을 우선으로 뽑지 않겠습니까? 마찬가지입니다.

　예수님이 허다한 무리를 제치고 베드로를 찾아가신 이유는, 바로 변화에 가능성이 있었기 때문입니다. 예수님은 사람의 겉도 알지만, 속도 잘 아는 분입니다. 사람들의 마음과 미래를 이미 다 살피셨습니다. 때문에 변화의 가능성이 있는 베드로에게 발걸음을 옮기셨던 겁니다. 우리에게도 변화의 가능성이 보이지 않으면 주님은 찾아오지 않으실 겁니다.

"한 번 빛을 받고 하늘의 은사를 맛보고 성령에 참여한 바 되고 하나님의 선한 말씀과 내세의 능력을 맛보고도 타락한 자들은 다시 새롭게 하여 회개하게 할 수 없나니 이는 그들이 하나님의 아들을 다시 십자가에 못 박아 드러내 놓고 욕되게 함이라" 〈히브리서〉 6장 4~6절

예수님을 잘 믿던 사람도 얼마든지 타락할 수 있습니다. 은혜는 받는 것도 어려우나, 지키는 것이 더 어렵습니다.

"나더러 주여 주여 하는 자마다 다 천국에 들어갈 것이 아니요 다만 하늘에 계신 내 아버지의 뜻대로 행하는 자라야 들어가리라" 〈마태복음〉 7장 21절

한번 은혜를 맛보고 은사를 경험한 사람일지라도 이단에 빠져서 넘어지는 자가 허다하니, 신앙을 지키는 게 어찌 어렵지 않다고 할 수 있겠습니까?

"근신하라 깨어라 너희 대적 마귀가 우는 사자 같이 두루 다니며 삼킬 자를 찾나니" 〈베드로전서〉 5장 8절

예수님을 믿지 않는 사람은 이미 삼킨 자입니다. 그러므로 삼킬 자를 찾는다는 것은, 예수님을 믿는 자들 중에서 넘어뜨릴 자를 찾는다는 이야기입니다. 때문에 우리가 오늘 신앙 생활을 열심히 한다고 해서 교만하면 안 됩니다.

"주의하라 깨어 있으라 그 때가 언제인지 알지 못함이라" 〈마가복음〉 13장 33절

"제자들에게 오사 그 자는 것을 보시고 베드로에게 말씀하시되 너희가 나와 함께 한 시간도 이렇게 깨어 있을 수 없더냐 시험에 들지 않게 깨어 기도하라 마음에는 원이로되 육신이 약하도다 하시고" 〈마태복음〉 26:40~41

기도는 우리를 긴장하게 합니다. 기억하십시오! 하나님이 우리를 정말 사랑하신다면, 우리에게 변화의 가능성이 있을 때 찾아오신다는 것을 말입니다. 사울이라고 하는 사람이 그리스도인들을 그렇게 핍박하고 박해했는데, 왜 부활의 주님은 다메섹 도상에서 사울을 찾아갔을까요? 사울을 만나 찬란한 빛 가운데서 눈을 멀게 하고, 다시 아나니아에 의해서 눈을 뜨게 하면 그는 변화될 가능성이 누구보다 높았다는 것을 주님은 아셨기 때문입니다. 예수님이 찾아가는 자는 반드시 변화됩니다.

🌱 당신은 넘어진 경험이 있습니까? 사탄의 유혹에 넘어갔던 경험을 적어 보십시오

_____

_____

_____

_____

_____

권면하심
역전 인생 2단계

주님이 찾아간다고 바로 변화되는 것은 아닙니다. 주님은 변화 이전에 권면합니다. 본문을 보면, 예수님은 변화의 가능성이 있는 베드로를 찾아갔습니다. 그러고는 두 가지를 권면합니다.

먼저, 배를 육지에서 조금 떼라고 합니다. 예수님은 호숫가에 있는 배 두 척 중 시몬의 배에 오르십니다. 그러고는 배를 육지에서 조금 떼라고 말씀합니다. 간밤에 열심히 고기를 잡다가 결국 한 마리도 못 잡고 피곤하여 겨우 그물을 씻고 들어가 자려고 하는데 말입니다. 그럼에도 시몬은 예수님에게 순종합니다.

예수님은 그때부터 하나님의 말씀을 가르치기 시작했는데, 얼마의 시간이 흘렀을까요? 이때 시몬을 향한 예수님의 두 번째 권면이 나옵니다. 둘째, 깊은 데로 가서 그물을 내려 고기를 잡으라고 말입니다. 진짜 피곤했을 때에도 베드로는 순종하여 노를 젓고 깊은 곳으로 가고 있습니다. 우리 같으면 어떻게 했을까요? 주님의 사자가 말할 때, 이를 악물고 그 권면을 따르는 자가 변할 수 있음을 기억하십시오.

우리는 베드로의 모습을 통해 한 가지 생각해 보아야 합니다. 사실 예수님의 직업은 무엇입니까? 목수입니다. 이 사실은 베드로도 알고, 다른 사람들도 알고 있는 사실입니다. 그럼, 베드로의 직업은 무엇입니까? 어부입니다. 어부는 물을 잘 아는 사람입니다. 또한 평생 물고기를 잡았기에 어디에서 그물을 던져야 할지 나름대로의 노하우를 가지고 있는 사람입니다. 그런 베드로에게 목수인 예수님은 깊은 데로 가자고 말씀합니다.

베드로는 예수님의 권면을 그저 듣고 넘겨도 됐고, 적당히 이행을 했어도 됩니다. 베드로 입장에서는 목수인 예수님이 깊은 데를 알 리가 없다고 생각했어도 무리는 아닙니다. 하지만 베드로는 예수님의 명령에 순종을 합니다. 가장 깊은 데로 가서 그물을 내립니다. 그러고는 그물이 찢어질 정도의 물고기를 낚습니다. 뿐만 아니라 옆의 배에까지 가득 싣게 됩니다. 하나님은 신앙의 척도를 사람과 비교해서 하는 것이 아닙니다. 1대 1로 하나님과 나 사이의 관계 속에서 이해합니다.

🌱 목사님이나 전도사님에게 권면을 받은 경험이 있습니까? 어떤 권면이었고, 당신은 어떻게 반응했습니까?

_____

_____

베드로는 밤새 그물을 던졌어도 단 한 마리의 물고기를 잡지 못했습니다. 그런데 예수님의 말씀에 순종함으로 기적이 발생됩니다. 이것이 바로 역전 인생이 아니고 무엇이겠습니까!

우리가 지금까지 살아오는 바닥 인생에서 역전하길 원한다면 딱 두 가지만 하십시오. 주님이 우리를 찾아오게 하십시오. 그리고 주님이 권면하실 때, 그것을 순종하십시오. 그러면 우리는 역전 인생이 됩니다. 교회에 나온다고 인생이 역전되는 것은 아닙니다. 잊지 마시길 바랍니다. 예수님이 찾아오시고, 권면하실 때 순종해야만 역전 인생으로 거듭날 수 있습니다.

기다리심과 함께하심
반전 인생 1, 2단계

그물이 끊어질 만큼, 배 두 척이 가득할 만큼 고기가 잡히자 베드로의 마음에 큰 찔림이 있습니다. 그 찔림은 바로 '죄'입니다.

> "시몬 베드로가 이를 보고 예수의 무릎 아래에 엎드려 이르되 주여 나를 떠나소서 나는 죄인이로소이다 하니" 〈누가복음〉 5장 8절

사실 예수님이 권면하셨을 때 베드로는 그 말씀에 기쁨으로 순종한 것은 아닙니다. 다음의 말씀을 살펴보면 베드로의 마음을 우리는 조금 알 수 있을 듯합니다.

> "시몬이 대답하여 이르되 선생님 우리들이 밤이 새도록 수고하였으되 잡은 것이 없지마는 말씀에 의지하여 내가 그물을 내리리이다 하고" 〈누가복음〉 5장 5절

베드로는 예수님의 권면이 그저 기분 좋은 것만은 아니었을 것입니다. 그러나 말씀에 의지하여 '억지로' 순종했습니다. 예수님이 십자가를 지고 가실 때, 구레네 시몬이라는 사람이 예수님의 십자가를 집니다. 그때 구레네 시몬도 예수님의 십자가를 '억지로' 지었습니다. 그러나 루포의 가족이 모두 구원을 받는다고 성경은 말씀합니다.

> "주 안에서 택하심을 입은 루포와 그의 어머니에게 문안하라 그의 어머니는 곧

내 어머니니라" 〈로마서〉 16장 13절

억지로 지는 십자가에도 엄청난 상이 있다는 것입니다. 본문의 베드로는 억지로 순종합니다. 그후 그가 엄청난 양의 물고기를 잡았을 때, 그는 바로 '나는 죄인입니다.'라고 고백함으로서 자신이 억지로 순종했음을 시인합니다. 즉 베드로는 체험을 통해 변화되었음을 의미합니다. 그런데 여기서 다가 아닙니다. 예수님은 베드로를 완전히 바꾸기 위해 세 번째로 하신 일이 있습니다. 바로 '기다리심'입니다.

🌱 억지로 교회 일을 하거나, 억지로 순종했던 경험을 적어 보십시오. 그럼에도 받은 은혜가 있다면 함께 적어 보십시오.

_____

_____

예수님은 이미 베드로가 순종만 하면 역전 인생이 될 것이라 알고 계셨습니다. 그런데 예수님은 역전 인생에서 멈추지 않으셨습니다. 베드로의 반전 인생을 꿈꾸고 계셨습니다.

예수님은 베드로가 물고기를 다 내리고 모든 것을 버리고 예수님에게 돌아오기만을 기다리셨습니다. 모든 것을 버리고 예수님을 따르는 반전을 기대하셨던 겁니다. 그래서 베드로가 돌아올 때까지 기다리셨습니다.

우리가 주일에 하나님의 말씀을 듣고 세상에 나갈 때, 주님은 우리를 기다립니다. 우리가 일주일 동안 세상에서 승리의 체험을 가지고 주님에게 돌아오길 말입니다. 성자 하나님과 성령 하나님이 모두 우리가 한 주간 세상에서 살다가 돌아올 때까지 중보하며 기다리신다는 사실을 기억하십시오! 이것이 바로 반전 인생 2단계 '함께하심'입니다.

> "이와 같이 성령도 우리의 연약함을 도우시나니 우리는 마땅히 기도할 바를 알지 못하나 오직 성령이 말할 수 없는 탄식으로 우리를 위하여 친히 간구하시느니라" 〈로마서〉 8장 26절

> "누가 정죄하리요 죽으실 뿐 아니라 다시 살아나신 이는 그리스도 예수시니 그는 하나님 우편에 계신 자요 우리를 위하여 간구하시는 자시니라" 〈로마서〉 8장 34절

본문을 보면, 예수님은 베드로에게 배와 그물을 버리라는 직접적인 말씀을 하지 않았습니다. 그런데 베드로가 알아서 그 모든 것을 버립니다. 고기를 같이 걷었던 친구 세베대의 아들 야고보와 요한까지도 덩달아 함께 따라갑니다. 무엇을 의미합니까? '알아서 하는 은혜!' 사람을 낚는 어부가 되게 하시는 아버지의 뜻을 따라가는 자원하는 마음, 그것이 진정한 변화라는 것을 보여 주는 대목입니다.

안수집사님 한 분이 있습니다. 그분은 열심히 신앙 생활을 했습니다. 주일에는 모든 시간을 교회에서 보냈고, 그의 성실함과 충성으로 회사에서도 고속 승진을 했습니다. 모든 성도는 그분을 가리켜 하나님

이 복을 주셔서 승승장구할 수 있다고 말했습니다. 그런데 어느 날 하루아침에 직장에서 해고를 당했습니다. 그럼에도 그는 매우 긍정적이었습니다. "목사님, 제가 그동안 너무 잘나간다고 바빠서 하나님의 일을 많이 못했더니 그만 잘렸습니다. 내일부터는 제가 교회에 출근해서 회사에서 충성함과 같이 하나님의 일에 충성하겠습니다." 그런데 1년이 지나도 복직은커녕 취직도 되지 않았습니다. 그는 점점 지쳐갔습니다. 그러던 찰나에 그는 한 회사에 취직을 하게 되었습니다. "목사님, 기도해 주셔서 감사합니다. 제가 다니던 회사보다 더 좋은 회사에 간부 사원을 모집한다고 해서 간부 경력으로 지원을 했는데 합격을 했습니다." 안수집사님은 너무나 신나서 새 양복을 입고 출근을 했습니다. 그리고 첫날, 회장, 사장, 전무, 상무할 것 없이 일곱 명이 앉아 있는 그곳에 불려갔더랍니다. "이번에 우리와 함께 일하게 되어 기뻐요. 나는 회장이오. 상무, 오후에 환영식으로 회식을 갑시다." 이렇게 해서 오후 6시에 퇴근하고 함께 회식하는 곳으로 갔습니다. 그런데 그곳은 술집이었습니다. 술과 여인들이 앉아 있는 그곳에서 회장이 술을 한 잔씩 모두 따라주더란 겁니다. 안수집사님은 순간 고민에 휩싸였습니다. '아, 난 안수집산데 어떻하지? 이걸 안먹으면 찍히는데 큰일이군.' 눈치를 보다가 결국 술잔을 내려놓았답니다. 그러자 회장은 마음이 상해 없던 것으로 하자고 하고는 자리에서 일어나 나가 버렸습니다. 안수집사님은 돌아오면서 한참을 울었다고 합니다. "주님, 제가 잘 했잖아요. 신앙의 양심을 지켰잖아요. 그런데 다시 잘렸습니다. 어떻게 하면 좋아요." 그는 다시 교회로 출근을 했습니다. 그런데 이전과는 다른 모습이었습니다. 눈은 부어 있었지만,

더 밝고 환한 모습으로 기쁘게 교회 일을 하던 것입니다. 그리고 또 며칠, 전화가 왔습니다. "김 과장, 회사 한번 나와야지?" 회장님이었습니다. 그는 다시 회장실로 갔습니다. "김 과장, 우리는 모두 장로예요. 당신이 진짜 기독교인인지 시험한 것이오. 우리 한번 잘해봅시다."

우리의 인생은 어떠합니까? 우리 주님은 우리의 역전 인생을 위해 하나님 우편에서 간구하시고, 탄식하며 기도하시는데 역전된 다음의 모습은 어떻습니까? 간구하는 주님을 위해 모든 것을 내려놓을 만큼의 반전을 결단해 보신 적은 없습니까? 반전하지 않는 사람은 변화되지 않은 사람입니다.

✦✦✦

본문의 베드로를 통해 역전 인생과 반전 인생에 대해 살펴보았습니다. 우리는 예수님을 믿고 교회에 다닌다고 구원받았음에 긴장을 풀고 살면 안 됩니다. 언제든지 우리는 사탄의 꼬임에 넘어갈지 모릅니다. 깨어 기도하며 긴장하십시오. 구원에 확신이 있다고, 신앙이 지켜지는 것은 아닙니다.

우리가 인생 가운데 지켜야 할 부분이 반드시 있습니다. 그때 주님은 친히 우리를 찾아오실 것입니다. 주님이 찾아오실 때 마음을 열고 그분을 영접하십시오. 또 권면하실 때 순종하십시오. 억지로의 순종도 괜찮습니다. 다만, 무엇이든간에 꼭 순종하십시오. 그러면 우리의 인생은 역전 인생이 될 것입니다.

역전 인생만으로 끝나지 않습니다. 주님이 찾아오시고 권면하신 후, 우리를 기다리십니다. 그 체험의 은혜를 반전시켜 고백함으로써 주님에게 나아가십시오. 기다리신 주님은 끝까지, 마지막 날까지 우리와 함께하실 겁니다. 반전 인생까지 가야 진짜 기독교인이요, 진정 변화된 사람입니다.

🌱 역전 인생과 반전 인생을 통해 당신이 느끼고 다짐한 부분을 적어 보십시오

Revival and Revival

오늘 말씀을 통해 은혜 받은 것들을 정리해 보십시오. 만약 부흥회에 참석했다면, 설교 노트로 활용해 보십시오.

_____

_____

_____

_____

_____

_____

_____

_____

_____

_____

_____

_____

_____

_____

_____

_____

_____

_____

Devotion

헌신 인생을 살다보면, 우여곡절이 많이 생긴다. 좁은 문이기에 어렵다.
이 세상을 하직하는 날까지 고통이 끊이질 않을 수 있다.
그럼에도 우리가 예수 그리스도만 바라보아야 한다.
진정 헌신 인생을 살다보면 기적 인생을 살 수도 있다.

8

헌신 인생
vs 기적 인생

〈마태복음〉 7장 13~14절

세상에는 수많은 책이 있습니다. 그리고 시대마다 사람들이 원하고 좋아하는 책이 있습니다. 그중 가장 오랜 기간 동안 베스트셀러로 최고 순위를 지켜온 책이 있습니다. 바로 우리가 잘 아는 '성경'입니다. 성경은 하나님의 말씀으로, 권위 있는 책입니다. 즉 힘이 있는 책이라는 말입니다. 때문에 성경을 가까이하는 사람은 변화의 능력을 맛볼 수 있습니다.

"하나님의 말씀은 살아 있고 활력이 있어 좌우에 날선 어떤 검보다도 예리하여

혼과 영과 및 관절과 골수를 찔러 쪼개기까지 하며 또 마음의 생각과 뜻을 판

단하나니" 〈히브리서〉 4장 12절

당신은 성경을 몇 번이나 완독하였습니까?

성경은 성령에 감동된 자 40여 명이 성령의 감동 가운데 오류 없이 기록을 하였습니다. 그리고 그 기간은 무려 1,600년이나 걸렸습니다. 그래서 오늘날의 신 · 구약 66권이 완성되었습니다. 사실 당시에는 인쇄술이 발달하지 않아서 성경 저자들 간에 두루마리 성경을 볼 수 없었습니다. 서로 다른 지역과 시대에 살았음에도 불구하고, 66권의 내용이 통일성을 갖추고 있다는 것은 매우 놀라운 것입니다. 그래서 성경을 심비(深祕)라고도 합니다.

성경은 우리가 잘 아는 대로 구약(Old Testament) 39권과 신약(New Testament) 27권으로 되어 있습니다. 그리고 총 66권의 주제는 예수 그리스도입니다. 구약은 오실 예수님에 대한 예언을, 신약은 오신 예수님을 기록하고 있습니다. 그리고 하나님 언약의 말씀이 무려 3만 가지나 들어

있습니다. 1년 365일로 나누면, 하루에 약 80~85개 사이의 축복을 매일 받을 수 있는 책인 겁니다. 정말 대단하지 않습니까?

🌱 당신이 알고 있는 위인 중 성경을 통해 축복받은 위인이 있다면, 누구인지 아는 대로 적어 보십시오

_____

_____

_____

_____

성경의 핵심

우리는 성경을 가리켜 흔히 하나님의 말씀이라고 합니다. 왜 하나님의 말씀이라고 합니까? 성경을 보면, 대부분 '나 여호와가 말하노라, 만군의 여호와가 말하노라, 하나님이 말씀하여 이르시되, 예수께서 이르시되, 진실로 진실로 너희에게 이르노니'라고 되어 있습니다. 즉 온통 하나님이 일기를 쓰신 것처럼 주어가 '당신, 자신'으로 되어 있다는 겁니다. 때문에 성경을 가리켜 하나님의 말씀이라고 하는 겁니다.

이뿐만이 아닙니다. 성경은 마치 '인간사용설명서'와 같습니다. 하나님의 말씀은 동물과 식물을 위한 것이 아닙니다. 인간을 위해 주신 말씀입

니다. 때문에 사람이 읽고, 또 읽으면 그 인생을 어떻게 살아가야 할지에 대한 지름길이 나옵니다. 바라기는, 하나님의 말씀을 상고(詳考)하여 놀라운 축복을 받는 우리의 인생이 되길 소망합니다.

기적

성경의 반은 기적이 적혀 있습니다. 그런데 기적에 대한 내용 뒤에 꼭 등장하는 분이 있습니다. 그분은 바로 성삼위 하나님입니다. 때로는 성부 하나님이, 성자 하나님이, 성령 하나님이 등장합니다. 이는 무엇을 의미합니까? 기적의 내용이 나올 때엔 '하나님을 만나라'는 뜻입니다. 즉 예수님을 만나라는 뜻입니다.

🌱 성경을 읽다가 당신은 기적의 예수님을 만난 경험이 있습니까?

_____

_____

_____

_____

_____

듣기, 읽기, 공부하기, 암송하기, 묵상하기는 대학생 선교회에서 가르치는 하나님의 말씀을 묵상하는 방법입니다. 하나님의 말씀을 가까이하면 하나님을 만날 수 있다는 것이죠. 그런데 특별히 기적의 내용이 나오는 대목을 유심히 보면, 하나님이 그 일을 하시니 그것은 하나님의 계획과 간섭인 것입니다.

〈창세기〉에는 '노아의 홍수'가 나옵니다. 당시 세상이 죄로 뒤덮여 하나님이 인간은 만드신 것을 한탄하사 후회하셨다는 대목이 나옵니다. 그래서 하나님은 홍수를 일으키시기 전에 미리 노아를 통해 방주를 만들게 하십니다. 방주 안에는 정결한 짐승 암수 일곱씩, 부정한 것은 암수 둘씩, 공중의 새도 암수 일곱씩을 데려오게 하셨습니다. 이 대목에서 저는 참으로 많은 고민을 했습니다.

성경을 여든 번째쯤 읽고 있었던 때입니다. 노아의 홍수는 전 지구상에 동시다발로 일어난 사건인데, 한국에만 있는 고유 동물들이 어떻게 중동 지역까지 갈 수 있었을까 말입니다. 저는 성지순례를 갈 때 탔던 비행기의 비행 시간을 대략적으로 계산해 보았습니다. 평균 1,050km의 속도로 17시간 비행한 거리를 느린 동물들의 속도로 계산하면, 약 2년 반에서 3년이 걸립니다. 뿐만 아니라 무사히 가면 좋은데, 가다가 먹이사슬에 의해 또는 2년을 채 못 사는 생명이라면 어떻게 되는 것인가에 고민을 했던 기억이 납니다.

어느 날, 〈창세기〉를 반복하여 묵상하는 가운데 저의 마음에 큰 깨달음이 찾아왔습니다. 한 개의 동사가 2회나 반복됐는데, 바로 '나아오게 하시니'였습니다. 모든 정결한 짐승과 부정한 짐승 둘이 노아의 방주로 나아오게 하셨다는 존칭으로 적혀 있는데, 이는 바로 하나님이 하셨다는 이야기 아닙니까? 바로 기적(miracle)입니다!

하나님이 하시는 일은 기적입니다. 사람의 행동이 아닙니다. 노아의 가족 8명이 여기저기를 쫓아다니면서 동물들을 부르지 않았습니다. 하나님이 나아가게 하셨고, 그들은 하나님의 명에 따라 방주를 만들어 실었던 것뿐입니다.

〈여호수아서〉 10장을 보면, 아모리 사람과 전투하는 장면이 나옵니다. 이때, 여호수아가 그 유명한 말을 합니다. "태양아 너는 기브온 위에 머무르라 달아 너도 아얄론 골짜기에서 그리할지어다." 그리고 성경은 여호수아의 말대로 태양이 멈췄다고 전합니다. 말 그대로 해석하면, 솔직히 오늘날의 과학으로 봤을 때 정말로 웃긴 대목이 아닐 수 없습니다(사실 저는 이 대목에서 엄청난 고민을 했었습니다).

태양은 원래 움직임 없이 멈춰 있습니다. 지구가 도는 것이죠. 그럼에도 여호수아는 '태양아, 멈춰라!'를 외쳤습니다. 무엇을 의미합니까? 여호수아가 급박한 상황에서 하나님을 향한 간절한 간구를 외친 것입니다. 정말로 태양이 멈췄습니다. 비과학적이고, 논리에도 안 맞지만 하나님은 이 기도를 들어주셨습니다. 그리고 많은 사람이 이 대목에서 큰 은혜를 받고 있습니다.

우리는 하나님에게 기도할 때 많은 것을 생각합니다. 어떻게 하면 하나님이 기도에 응답하실지, 어떻게 기도하면 잘하는 기도일지 말입니다. 하지만 하나님은 우리의 논리와 사고에 맞는 기도, 형식에 맞고 정중한 기도를 원하는 게 아닙니다. 하나님은 우리가 부족한 상태로 그냥 나아갈 때에도 항상 새겨들으십니다. 그리고 역사해 주십니다. 굳이 완벽하게, 또한 나름대로 온전하다고 할 자기 의에 빠져 매달리지 마시기 바랍니다. 하나님은 교만한 자를 대적하시고, 겸손한 자에게 은혜를 베푸십니다.

🌱 성경 속 기적을 얼마나 알고 있습니까? 당신이 아는 기적의 제목을 기억나는 대로 적어 보십시오

_____

_____

물론 기적이 흔하면 더 이상 기적이 아니겠죠. 하나님은 자연의 법칙대로 인간을 다스립니다. 그러나 꼭 필요할 때는 준비된 자에 한하여 그의 인생에 개입하십니다. 그것이 바로 '기적의 법칙'입니다.

헌신

기적과 마찬가지로, 성경의 대부분은 '헌신'에 대한 이야기가 많이 등장합니다. 목회를 하면서 가장 많이 받는 질문도 바로 '헌신'이 무엇인가에 대한 것입니다. 헌신이 무엇입니까? 헌신은 목표를 분명히 하는 것입니다. 그럼, 헌신의 목표는 무엇입니까? 본문에 '좁은 문'이라고 되어 있습니다. 우리가 신앙 생활을 하는데, 좁은 문을 목표로 정하는 사람이 바로 헌신하는 사람인 것입니다.

"좁은 문으로 들어가라 멸망으로 인도하는 문은 크고 그 길이 넓어 그리로 들어가는 자가 많고 생명으로 인도하는 문은 좁고 길이 협착하여 찾는 자가 적음이라" 〈마태복음〉 7장 13~14절

예수님은 우리에게 좁은 문, 생명의 문을 선택하라고 말씀합니다. 그럼에도 여전히 많은 사람은 멸망으로 인도하는 크고 넓은 문을 선택합니다. 헌신이 없는 인생이 가는 길입니다. 그렇다면 좁은 문, 생명의 문은 구체적으로 누구를 의미합니까? 바로 예수 그리스도를 의미합니다.

"그러므로 예수께서 다시 이르시되 내가 진실로 진실로 너희에게 말하노니 나는 양의 문이라" 〈요한복음〉 10장 7절

"예수께서 이르시되 내가 곧 길이요 진리요 생명이니 나로 말미암지 않고는 아버지께로 올 자가 없느니라" 〈요한복음〉 14장 6절

우리의 인생에서 언제나 예수 그리스도가 목표가 되길 소망합니다. 예수님만 바라보면, 그것이 바로 최고의 헌신인 것입니다. 우리 스스로 헌신해야 하겠다는 교만한 생각은 버리십시오. 우리의 생각과 자아를 죽여서 오직 예수 그리스도만 바라보는 인생이 되길 바랍니다.

"너희가 내 안에 거하고 내 말이 너희 안에 거하면 무엇이든지 원하는 대로 구하라 그리하면 이루리라" 〈요한복음〉 15장 7절

"볼지어다 내가 문 밖에 서서 두드리노니 누구든지 내 음성을 듣고 문을 열면 내가 그에게로 들어가 그와 더불어 먹고 그는 나와 더불어 먹으리라" 〈요한계시록〉 3장 20절

🌱 당신이 생각하는 좁은 문은 어떤 길입니까?

_____

_____

_____

헌신 인생의 4단계

목표를 분명히 하라

우리는 이에 대하여 앞서 충분히 설명하였습니다. 헌신의 목표는 무엇입니까? 좁은 문입니다. 좁은 문은 바로 예수 그리스도임을 확실히 깨닫길 바랍니다. 예수 그리스도만을 바라볼 때 비로소 우리의 인생은 진정한 헌신 인생이 됩니다.

🌱 헌신이란 무엇인지 적어 보십시오

_____

_____

지속적으로 하라

지속적으로 하라는 말은 목표를 분명히 하라는 것입니다. 우리의 목표는 좁은 문, 예수 그리스도만 바라봄입니다. 이를 지속적으로 해야 함을 말합니다. 그렇다면 우리의 삶은 어때야 합니까?

예배를 빠지면 안 될 것입니다. 주 5일제로 변하면서 안타까운 건 주일 성수가 어려워졌다는 것입니다. 주 5일제가 되면 토요일에는 가족과 함께 쉬고, 주일에는 온전히 하나님을 예배할 줄 알았습니다. 하지만 주 6일이 되었던 이전보다 우리의 신앙 생활은 더욱 어려워졌습니다.

한번은 아이들을 데리고 수련회를 다녀왔습니다. 그런데 아이들이 기도를 할 줄 몰라요. 결국 저는 다음과 같이 말했습니다. "애들아, '주여!'를 백번만 외쳐봐라. 그럼, 기도가 잘 될 거야." 그러자 아이들이 다시 물었습니다. "왜 '주여!'만 외치는데, 그게 기도에요?" 저는 어머니가 아이를 잉태하여 10개월을 품었다가 출산한 것에 비유하여 설명했습니다. 그러자 아이들이 하나둘씩 '주여!'를 하더라고요. 그리고는 이내 여자 아이들이 울기 시작해요. 그리고 남자 아이들도 말입니다. 20여분이 지나고 아이들이 행동이 이상한 점이 발견되기 시작하자, 저는 황급히 기도를 마무리했습니다. 그리고는 여자 아이에게 다가가 물었습니다. "무슨 일이니?" "저 은혜 받았어요! 아이들한테 간증을 하고 싶어요." 그 여자 아이를 앞에 세웠습니다. "친구들아, 내가 '주여!'를 반복해서 외치는데 신기하게도 앞에 사닥다리 환상이 나오는 거야. 그래서 내가 사닥다리를 잡고 올라가는데, 중간에 하나가 빈 거 있지? 그래서 건너뛰고 그 위를 잡고 하나님에게 물었어. 그랬더니 그것은 내가 주일에 교회를 빠진 날이라고 말씀하시는 거야."

세상에 타협하지 마십시오! 다 내려놓고 때로는 철저하게 우리가 가야 할 길을 가는 것이 필요합니다. 그런데 문제는 이 좁은 문을 향해 나아갈 때 3가지 특징이 있다는 것입니다. 첫째는 좁아서 매우 불편하다는 겁니다. 둘째는 협착하여 위험하다는 겁니다. 마지막 셋째는 인기가 없어서 찾는 이가 드물다는 겁니다. 그럼에도 지속적으로 목표를 향해 예수 그리스도만 바라보는 우리가 되길 바랍니다.

🌱 지속적 헌신의 경험이 있습니까? 만약 있다면, 어떤 경험이었는지 적어보십시오.

_____

_____

_____

_____

곁눈질 하지 마라

사실 예수 그리스도만 바라볼 때, 사람들이 별로 좋아하지 않고 응용력이 떨어진다고 무시할 수 있습니다. 그러나 소신껏 우리의 목표를 향해 묵묵히 전진할 수 있길 소망합니다. 세상 사람들이 우리를 몰라줘도, 하나님은 기적을 통해 반드시 우리의 인생을 열어 주실 겁니다. 단, 한순간이라도 한눈팔지 말고 전진하길 바랍니다.

🌱 혹시 곁눈질 했던 경험이 있습니까? 솔직히 적어 보십시오

_____

_____

욥도 그랬습니다. 처음에 기둥이 무너져 자녀들이 모두 죽고, 재산이 풍비박산 되어 망했습니다. 부인도 도망가고, 본인은 병까지 얻었습니다. 그럼에도 그는 다음과 같이 고백했습니다.

"이르되 내가 모태에서 알몸으로 나왔사온즉 또한 알몸이 그리로 돌아가올지라 주신 이도 여호와시요 거두신 이도 여호와시오니 여호와의 이름이 찬송을 받으실지니이다 하고 이 모든 일에 욥이 범죄하지 아니하고 하나님을 향하여 원망하지 아니하니라" 〈욥기서〉 1장 21절

결국 그는 이전보다 두 배의 축복을 받았습니다. 예수 그리스도만 바라보며 나아가는 길은 좁은 길입니다. 때문에 척척 모든 일이 풀리면 좋지만, 끝까지 잘 풀리지 않을 수 있습니다. 그래도 곁눈질 하지 말고, 한눈팔

지 말고 예수 그리스도만 바라보실 수 있길 바랍니다. 고난이 있는 곳에 영광이 있습니다!

소망을 가지라

하루는 길에서 전도를 하는데, 한 아이가 지나갔습니다. "애야, 너도 예수님 믿고 교회 다니지 않을래?" 그러자 아이는 대답했습니다. "못 가요. 엄마가 때려요." 저는 그 아이를 꼭 안아주며 기도했습니다. 그후, 그 아이가 주일만 되면 교회 근처를 서성이는 겁니다. 그때마다 저는 그 아이를 안아주었습니다. 그리고 얼마가 지났을까요? 아이가 교회에 온 겁니다. 그날은 잠실주경기장에서 가수 비 콘서트가 있는데, 친구들과 간다고 하고는 본인만 빠져 교회에 온 겁니다. 얼마나 예쁘던지요. 그리고 한번은 길에서 만났습니다. 그 아이가 저를 보고 "목사님!" 하며 중앙선을 넘어 달려오는 겁니다. 그러다가 그만 검은색 승용차에 치였습니다. 전 그 아이가 죽은 줄 알고 놀라 달려갔습니다. 다행히 피는 나질 않았습니다. 그때, 아이가 갑자가 일어나더니 뛰어서 골목으로 도망을 가는 겁니다. "애야, 어디가니? 병원에 가야지. 괜찮아?" "목사님, 넘어지면 챙피해서 고개도 안들고 도망가잖아요. 근데 차에 치였으니 얼마나 챙피해요. 그래서 도망가는 거예요." 당시 40대였던 저는 그 아이를 겨우 쫓아가 잡았습니다. 그리고 몸의 여기저기를 살폈습니다. 그런데 참으로 신기하게 아이의 몸에 아무런 상처가 없는 겁니다.

정말 기적이지 않습니까? 저는 그 아이가 정말 죽는 줄 알았습니다. 하지만 예수 그리스도만 바라보며 교회를 서성이고, 거짓말을 하면서까지 교회에 오고 싶었던 그 아이! 하나님이 지켜주셨습니다. 우리의 인생도 이와 같습니다. 죽을 것처럼 힘들어도 주님만 바라보십시오. 그러면 주님이 기적을 행하여 주십니다. 소망을 가지기 바랍니다.

✛✛✛

우리는 살면서 많은 목표와 목적을 가지고 이 세상을 살아갑니다. 하지만 그 인생은 이 세상을 잘 살기 위한 목표와 목적일 뿐입니다. 그것으로는 한평생만 잘 사는 것입니다. 하지만 예수님은 우리에게 좁은 문으로 들어가라고 명하셨습니다. 바로 우리에게 한평생이 아닌 영원히 잘 살게 하기 위함입니다.

헌신 인생이 기적 인생을 만듭니다. 좁은 길로 가고자 하는 목표, 예수 그리스도만 바라보며 사는 것이 헌신 인생입니다. 우리가 얼마나 많은 헌금을, 봉사를 했는지가 헌신이 아닙니다. 진짜 헌신이란 다른 것을 보지 않고 오직 한 길, 예수 그리스도에게만 전진하는 것입니다. 이것이 진정한 헌신 인생입니다.

헌신 인생을 살다보면, 우여곡절이 많이 생깁니다. 좁은 문이기에 어렵습니다. 이 세상을 하직하는 날까지 고통이 끊이질 않을 수 있습니다. 그럼에도 우리가 예수 그리스도만 바라보아야 합니다. 진정 헌신 인생을 살다보면, 기적 인생을 살 수도 있습니다. 성경의 수많은 사람이 헌신 인생을 통해 기적 인생을 맛보았습니다. 부디, 우리 모두 헌신 인생을 통해 기적 인생을 맛볼 수 있길 바랍니다.

🌱 헌신 인생을 통해 기적 인생을 이루시길 바랍니다. 이러한 인생이 되기 위해 앞으로 어떻게 신앙 생활을 할지 다짐하며 기도해 보십시오

_____

_____

_____

_____

_____

_____

_____

Revival and Revival

오늘 말씀을 통해 은혜 받은 것들을 정리해 보십시오. 만약 부흥회에 참석했다면, 설교 노트로 활용해 보십시오.

_____

_____

_____

_____

_____

_____

_____

_____

_____

_____

_____

_____

_____

_____

_____

Start

삭개오는 당시 죄인 중의 죄인이었다.
그럼에도 예수님을 간절히 만나고 싶은 그에게 주님은 먼저 알고 다가와주셨다.
변화의 가능성이 있는 마음에 주님은 먼저 찾아오신다.
주님이 찾아오셔야 변화가 일어나고, 그 변화를 통해 새로운 시작을 할 수 있다.

9

새로운
시작

〈누가복음〉 19장 1~10절

사람의 인생은 참으로 다양합니다. 어떤 사람은 길고, 어떤 사람은 짧은 생을 살아갑니다. 어떤 사람은 매일 반복적인 생활을 하며, 어떤 사람은 매우 다양한 생활을 경험합니다. 우리의 인생은 어떻습니까? 예수님을 만나기 전과 만난 후, 변화의 정도에 따라 다를 듯합니다. 본문의 삭개오도 그랬습니다.

🌱 삭개오에 대해 당신이 아는 만큼 적어 보십시오

_____

어떤 동네에 한 사람이 태어났습니다. 이름은 삭개로라 합니다. 그는 어릴 적부터 다른 사람들과 별반 다르지 않게 자랐습니다. 함께 먹고, 함께 놀며, 함께 성장했습니다. 평범한 어린 시절과 다르지 않은 청소년기를 보냈습니다. 그리고 청년이 되었을 때, 그는 세리가 되었고 세리장까지 올랐습니다. 오늘날과 마찬가지로 일반적인 사람입니다.

돈을 많이 벌기 위해 특별히 노력하여(로마세와 종교세를 걷으며 많은 차액을 남김) 부자가 되었습니다. 하지만 사람들에겐 그의 특별한 노력으로 인해 환영받지 못하는 사람(은따; 은근 따돌림을 당하는 사람)이었습니다. 그러나 그는 이에 굴복하지 않았습니다. 왜냐하면 그에겐 돈이 최고 삶의 목표였기 때문입니다.

그런 그의 삶에 변화가 일어났고, 그 변화는 그의 삶을 송두리째 바꿔 새로운 시작을 하게 하였습니다. 새로운 시작을 알린 삭개오의 놀라운 변화! 본문을 통해 함께 살펴보고자 합니다.

🌱 혹시 당신의 인생 가운데 새롭게 시작하고 싶은 부분이 있습니까?

_____

_____

_____

_____

_____

_____

가치 이동(의미 이동)

사람은 나이가 들어감에 따라 삶의 의미, 즉 가치가 이동됩니다. 이 의미(가치)의 이동은 사회적 · 환경적 요인이 아닌 누구나 나이가 들어감에 따라 공통적으로 변하는 것입니다. 객관적인 변화를 의미하는 것입니다. 우리는 먼저 본문의 삭개오에 대해 나누기 전, 의미(가치)이동에 대해 이해가 필요합니다.

유년(0~10세)

영아기와 유아기의 아이들은 손에 무언가를 잡으면 바로 입으로 가져갑니다. 정말 순식간에 입으로 가져가 넣는 바람에 우리의 어머니들은 항상 아이들을 안고 응급실을 바삐 가시죠. 자신에게 유익이 되던, 되지 않던 판단 이전에 앞서 무조건 입으로 가져가서 먹는 것입니다. 아무리 "안 돼!"를 외쳐도 아이들은 무한 반복하여 손에 집히면 무조건 입으로 가져갑니다. 왜죠? 바로 그들의 가치는 먹는 것에 있기 때문입니다. 무엇이든 먹고 온 몸이 건강하게 성장해야 하기에 그들은 본능적으로 먹는 것입니다. 하나님이 우리의 인체 리듬을 그렇게 맞춰 놓으셨지요.

제가 가끔은 어린이 부흥회를 갑니다. 어린이 부흥회는 대부분이 연합집회로 진행되죠. 그런데 아무리 예쁘고 아름다운 선생님이 나와서 율동을 하고, 함께하자고 해도 아이들은 잘 따라하지 않습니다. 그러니 50대인 제가 올라갔을 땐 쳐다나 봐주겠습니까? 그런데 저를 유심히 봅니다. 저에게 항상 먹을 것이 함께하니까 말입니다. 그렇다고 무엿인지 보여 주며 약 올리듯이 강단에 서는 것은 아닙니다. 뒤에 숨기고 마이크를 통해 봉지 소리를 공급하는 것뿐입니다. 순식간에 아이들의 눈은 반짝이며 저를 향합니다. 하지만 그들이 저를 보는 건 아닙니다. 어딘가에 숨겨져 있을 과자를 찾고 있는 것이죠. 물론 그렇게 시작된 말씀은, 성령님이 그들의 심령도 변화시켜 주시지만 말입니다.

이처럼 어린이들은 본능적으로 먹는 것을 찾고, 먹는 것에 목숨을 걸고 살아갑니다. 때문에 어린이의 최고 가치는 먹을 것입니다.

청소년(11~20세)

10대가 되면 먹는 것에 목숨을 걸지는 않습니다. 지각이 생겨나 아름다움을 더 추구하게 되지요. 그래서 먹을 거에는 관심이 없습니다. 이들에겐 오직 새로운 것만이 호기심을 자극합니다. 그래서 수집도 이 시기에 제일 많이 하는 것 같습니다. 우표를 수집하던지, 편지지를 수집하던지 말입니다. 또한 새로운 휴대폰이나 좋아하는 브랜드의 신상품에 관심이 많습니다. 그래서 오늘날 모 브랜드로 인해 왕따가 생겨나며, 심한 경우 살인도 벌이는 것이겠죠. 여하튼 시대를 막론하고 10대에는 언제나 새로운 것만을 찾아서 온 신경이 촉각을 세우고 있답니다.

🌱 당신의 어린 시절과 청소년 시절은 어땠습니까?

_____

_____

청년(21~40세)

　청년이 되면, 남자와 여자의 외모가 급격히 변해 있습니다. 모든 2차 성장이 끝나서 인간의 면모를 갖추게 되었기 때문입니다. 그래서 자신의 성적 매력을 최대한 발휘하는 데 모든 가치를 둡니다. 남자는 멋진 복근을 만들기 위해 열심히 운동하고, 여자는 날씬한 몸매를 만들기 위해 죽지 않을 만큼 적은 양의 음식을 먹으면서 다이어트를 합니다. 그들에겐 먹을 것도, 새로운 신상도 중요하지 않습니다. 오로지 이성을 향한 관심이 있을 뿐입니다. 가치가 그렇게 변화하는 것입니다.

장년(41~60세)

　장년은 무엇에 가치를 둘까요? 돈과 권력에 가치를 둡니다. 명예에 큰 가치를 둡니다. 먹는 것도, 새로운 것도, 이성도 다 부질없는 것입니다. 그들에게는 명예와 권력이 매력적인 삶의 가치인 것입니다. 아버지는 자존심 때문에 중년을 살아갑니다. 그런데 종종 신문이나 뉴스를 통해 보면, 가정에서 대접받지 못해 사회적으로 문제가 되기도 합니다. 중년에 위기가 오는 것입니다. 한국 교회에서도 가장 큰 문제가 아버지들의 자존감이 무너짐에 따라 발생되는 여러 파급적인 일들이 최근 많이 대두되고 있습니다. 부디 아버지들의 자존감을 세워 줄 수 있는 우리가 되길 바랍니다.

노년(61세~)

　사실 인생의 막바지에 이른 노년의 시기에는 특별한 가치가 없습니다. 오로지 본인의 건강뿐입니다. 왜냐하면 건강이 나빠지면 인생이 마감되기 때문입니다. 그래서 그들은 건강에 가치의 모든 것을 두고 있습니다.

사느냐 죽느냐가 건강에 달려 있는데, 그들에게 건강보다 중요한 가치가 과연 어디에 있겠습니까?

> 🌱 당신의 지금은 어느 시점입니까? 당신의 미래는 어떤 모습이었으면 합니까?
>
> _____
>
> _____

삭개오의 새로운 시작

다시 본문으로 돌아가겠습니다. 삭개오는 한 동네에서 여느 집과 다르지 않게 부모님들의 사랑과 관심 속에 태어났습니다. 어린 시절, 그는 다른 아이들과 다르지 않게 손에 잡히는 대로 입에 가득 넣었을 겁니다. 세리장 삭개오라고 태어날 때부터 돈을 좋아한 건 아니었을 것입니다.

10대가 되었을 땐, 다른 청소년들과 마찬가지로 새로운 것에 관심이 많았을 겁니다. 새로운 놀이, 새로운 옷, 새로운 책에 대해 말입니다. 그리고 청년 삭개오가 되었습니다. 모든 2차 성장이 끝나고 드디어 남자의 모습을 갖추었을 것입니다. 그러나 그에게 콤플렉스가 하나 있었습니다. 우리는 성경을 통해 익히 유추할 수 있습니다. 키가 작은 것입니다.

앞서 말씀을 드렸듯이, 청년 때에는 이성에 가치를 두는 시기입니다. 하지만 그는 애석하게도 키가 너무 작았습니다. 무엇을 해도 아름다운 이

성의 마음을 사지 못했습니다. 그러다가 결국 그는 '에잇, 돈이나 벌어서 부자가 되자!'고 마음을 먹었을지도 모릅니다. 그는 세리가 되었고, 결국 세리장의 자리에까지 오릅니다. 당시에는 로마세와 종교세를 나눠서 걷었는데, 그는 거기서 큰 차액을 남겨 큰돈을 모았습니다. 그래서 부자가 되었죠.

사람들은 삭개오에게 손가락질을 합니다. "저 사기꾼!" 그러나 그는 돈에 가치를 두며 살았기에, 그 어떤 비난에도 당당하게 살 수 있었습니다. 어느 날, 삭개오의 귀에 이상한 소문이 들려옵니다. 바로 예수님이 삭개오가 사는 여리고에 오신다는 소문입니다. 삭개오도 예수님의 수많은 기적과 이적은 소문으로 들어서 잘 알고 있었을 겁니다. 그래서 그의 마음에는 예수님을 꼭! 만나고 싶은 생각이 들었습니다. 돈과 명예에서 가치가 이동한 겁니다. 그의 평범한 인생에 새로운 시작을 알리는 바람이 불어온 겁니다.

예수님과 함께

돈과 명예에 가치를 두며 살던 삭개오는 그 누구의 시선도 느끼지 않았습니다. 그의 마음엔 오로지 예수님을 보고자 하는 열망만 가득했습니다. 그는 예수님을 보기 위해 지나가실 만한 길가의 한 뽕나무에 올랐습니다. 물론 예수님이 삭개오가 그곳에 있는 줄 알고 일부러 그곳을 지나셨을지도 모릅니다. 이것은 개인의 상상에 맡기겠습니다.

여하튼 삭개오는 동네 꼬마들이나 하는 나무타기를 장년의 나이에 한 것입니다. 그의 가치가 돈과 명예에서 예수님으로 변화했기에 가능했던 일입니다. '에잇, 자존심이 대수인가? 돈을 벌고 장까지 된 이 마당에 남들이 뭐라고 한들 무슨 상관이야? 예수님만 보면 참 좋겠다.' 그는 인생의 후반전에 새롭게 출발한 것입니다. 새로운 시작을 경험하기 시작한 것입니다.

예수님과 함께하는 사람이 새로운 인생에 도전할 수 있습니다. 돈이 많거나 적거나의 문제가 아닙니다. 명예의 유무도 아닙니다. 새로운 인생은 오직 예수 그리스도를 통해서만 가능한 것입니다. 삭개오는 그래서 자신의 자존심을 내려놓고 뽕나무에 올라갈 수 있었던 겁니다.

예수님은 삭개오를 향해 말씀합니다. "삭개오야, 내려오너라. 내가 오늘은 너의 집에 가고자 한다." 삭개오는 예수님의 말씀을 듣고 놀라고 기뻐하며 순식간에 내려왔습니다.

> "예수께서 그 곳에 이르사 쳐다 보시고 이르시되 삭개오야 속히 내려오라 내가 오늘 네 집에 유하여야 하겠다 하시니 급히 내려와 즐거워하며 영접하거늘"
> 〈누가복음〉 19장 5~6절

삭개오의 이야기 중에서 이 대목이 가장 극적인 장면이 아닐까 생각합니다. 왜냐하면 삭개오가 예수님과 새로운 인생을 시작하게 되었음을 알리는 역전의 시점이기 때문입니다.

🌱 당신의 삶에서 예수님을 만났던 때를 적어 보십시오

_____

은혜와 함께

삭개오는 황급히 내려올 수밖에 없었습니다. 왜냐하면 모든 사람이 자신을 죄인이라고 하는데, 당대에서 가장 인기 있는 선지자급 선생님이 자신의 이름을 불렀기 때문입니다. 이뿐만이 아닙니다. 예수님이 자신의 집에서 머무시겠다고 하니, 얼마나 놀랍고 기쁜 일입니까?

삭개오는 은혜를 받은 겁니다. 너무 기뻐서 가슴이 벅찼습니다. 그런데 더 놀라운 은혜는 어떻게 자신의 이름을 알았을까 입니다. 자신의 이름을 알려준 적이 없는데 말이죠. 주님은 우리의 이름만으로도 모든 것을 아는 분임을 믿습니다. 이것이 진짜 은혜입니다.

🌱 가장 큰 은혜를 받은 때는 언제, 어디서 입니까?

_____

_____

결단과 함께

삭개오는 예수님의 부름에 황급히 기뻐하며 내려왔습니다. 그런데 그냥 내려오지 않았습니다. 그는 자신이 가장 소중히 여기던 것을 내려놓으며 주님에게 나아갔습니다.

"삭개오가 서서 주께 여짜오되 주여 보시옵소서 내 소유의 절반을 가난한 자들에게 주겠사오며 만일 누구의 것을 속여 빼앗은 일이 있으면 네 갑절이나 갚겠나이다" 〈누가복음〉 19장 8절

삭개오는 예수님과 함께 새로운 시작을 하는 역전의 인생과 더불어 결단까지 하는 반전의 인생까지 일사천리로 나아갑니다. 이것은 삭개오의 회개일 수 있습니다. 자신의 재산 절반을 가난한 자들에게 주며 남의 것을 빼앗았다면 4배로 갚겠다고 하니, 이보다 더 속 시원한 회개가 어디 있겠습니까?

사실 성경에는 삭개오가 정말로 구제하고, 갚았다는 말씀은 없습니다. 왜인 줄 압니까? 결단 없는 실천은 없으며, 결단은 곧 실천이기 때문입니다. 또한 중요한 건 그가 예수님과 함께 새로운 인생을 시작하면서 회개와 결단도 함께했다는 것이기 때문입니다. 부디 삭개오처럼 역전에 반전까지 일사천리로 변화되는 우리의 인생이길 바랍니다.

🌱 주님 앞에 결단한 적이 있습니까? 어떤 결단이었고, 어떻게 지켰는지 적어 보십시오

가족과 함께

마지막으로, 삭개오는 혼자서 새로운 인생을 시작한 게 아닙니다. 그는

온 가족과 더불어 구원을 받았습니다.

"예수께서 이르시되 오늘 구원이 이 집에 이르렀으니 이 사람도 아브라함의 자손임이로다" 〈누가복음〉 19장 9절

"이르되 주 예수를 믿으라 그리하면 너와 네 집이 구원을 받으리라 하고" 〈사도행전〉 16장 31절

위의 말씀을 보면, 집은 가정을 의미합니다. 그러므로 삭개오의 시작은 개인적 출발이 아니었습니다. 가정과 함께하는 새 출발이었습니다.

교회 건축을 앞두고, 많은 성도가 물심양면으로 건축 헌금을 했습니다. 한번은 여자 집사님이 너무 은혜를 받아서 2억 원을 작정한 겁니다. 며칠 후, 그분은 정말로 2억 원을 헌금했습니다. 그런데 시간이 갈수록 집사님의 표정이 좋지 않았습니다. 그래서 알아본 결과, 남편 몰래 아파트 잔금으로 저축했던 2억 원을 은혜 받아 작정하고 바쳤던 것입니다. 잔금 날이 다가오면서 그분은 불신자인 남편이 이 사실을 알고 이혼을 당할까 봐 두려움에 떨었던 겁니다. 저는 급히 당회를 소집하고 긴급 구제 예산 2억 원을 추경으로 처리할 것을 제안했습니다. 더불어 집사님의 안타까운 소식을 나눴습니다. 이에 장로님들의 만장일치로 처리되어 집사님에게 2억 원을 돌려드렸습니다. 집사님은 2억 원의 잔금으로 무사히 치른 후에 남편에게 슬쩍 말을 건넸습니다. "여보, 글쎄 어떤 분이 건축 헌금으로 2억 원을 했대. 근데 그게

남편 몰래 아파트 잔금으로 헌금을 한 거라네. 사실을 알고 교회에서 그 돈을 돌려줬대." 그러자 남편은 집사님에게 말했습니다. "교회가 어떤 곳인데 먹을 걸 다시 내놓는단 말이야? 그런 교회가 있으면 내가 나가겠다." 이에 집사님은 그게 바로 자신이라고 실토했답니다. 남편은 너무 화가 나서 한동안 말을 안 했습니다. 그리고 주일 아침, 남편이 집사님에게 먼저 말을 했습니다. "교회 가자!" 집사님은 남편과 함께 교회에 갔고, 예배를 드린 후에 저와 만나 사실 여부를 물었습니다. 그리고 또 일주일 뒤, 남편은 집사님과 다시 교회를 갔습니다. 그리고 저를 만나 봉투를 내놓으며 말했습니다. "목사님, 2억 원은 아니지만 아내가 작정한 헌금의 일부인 5천만 원입니다."

새로운 시작은 가족과 함께하는 겁니다. 가끔 이렇게 이야기하는 분들이 있습니다. "목사님, 우리 남편은 절대로 교회에 안 올 거예요." "아이고, 우리 아들과 딸은 말도 못하게 합니다." 기도하면 하나님이 가족의 구원도 책임져 주실 겁니다. 절대로 안 되는 일은 없습니다. 하물며 창조주 하나님이요, 만왕의 왕이신 하나님이 못하실 일이 어디에 있겠습니까? 부디 가족과 함께 구원받는 우리 모두가 되길 소망합니다.

🌱 당신이 가족을 전도한 경험, 또는 가족이 당신을 전도한 경험이 있으면 적어 보십시오.

_____

_____

✛✛✛

　우리는 새로운 시작, 즉 구원에 대하여 살펴보았습니다. 삭개오는 당시 죄인 중의 죄인이었습니다. 그럼에도 예수님을 간절히 만나고 싶은 그에게 주님은 먼저 알고 다가와 주셨습니다. 오늘날에도 마찬가지입니다. 우리의 마음부터 점검하십시오. 변화의 가능성이 있는 마음에 주님은 먼저 찾아오십니다. 주님이 찾아오셔야 변화가 일어나고, 그 변화를 통해 우리는 새로운 시작을 할 수 있습니다.

　여전히 우리를 망설이게 하는 것은 무엇입니까? 그 어떤 것도 우리를 하나님으로부터 떨어지게 할 수 없습니다. 문제는 '나'입니다. 망설이지 말고 다짐하십시오. 주님이 오시면 변화한다는 믿음, 내가 변화되면 온 가족도 함께 구원받는다는 믿음을 가지길 바랍니다. 새로운 시작은 예수님과 함께, 은혜와 함께, 결단과 함께 그리고 가족과 함께 누리길 소망합니다.

🌱 새로운 시작, 당신의 계획을 구체적으로 적어 보십시오

Revival and Revival

오늘 말씀을 통해 은혜 받은 것들을 정리해 보십시오. 만약 부흥회에 참석했다면, 설교 노트로 활용해 보십시오.

_____

_____

_____

_____

_____

_____

_____

_____

_____

_____

_____

_____

_____

_____

_____

_____

_____

_____